Gabriele Kopp, Josef Alberti, Siegfried Büttner

Dabei! A 1.1

DEUTSCH FÜR JUGENDLICHE

**Deutsch als Fremdsprache
Kursbuch**

Hueber Verlag

Filmdidaktisierungen unter Mitarbeit von Daniel Orozco Coronil

5.   4.   3.   Die letzten Ziffern
2025 24   23   22   21   bezeichnen Zahl und Jahr des Druckes.
Alle Drucke dieser Auflage können, da unverändert,
nebeneinander benutzt werden.
1. Auflage
© 2020 Hueber Verlag GmbH & Co. KG, München, Deutschland
Umschlaggestaltung: Sieveking · Agentur für Kommunikation, München
Layout und Satz: Sieveking · Agentur für Kommunikation, München
Verlagsredaktion: Julia Guess, Hueber Verlag, München
Druck und Bindung: Passavia Druckservice GmbH & Co. KG, Passau
Printed in Germany
ISBN 978-3-19-501778-7

Art. 530_26690_001_03

Inhalt

Piktogramme und Symbole

🕊	In der Aufgabe geht die Modulgeschichte weiter.
Und du bist *Dabei!*	Die Schüler erzählen die Geschichte selber weiter.
1/07 (CD 1, Track 7)	Aufgabe mit Hörtext
▶ Film Modul 1	Aufgabe mit Film
→ AB 8	Passende Übung im Arbeitsbuch
	Hinweise zum Wortschatz und zur Kommunikation
	Hinweise zur Grammatik
	Hinweise zur Aussprache
	Lerntipp

Inhalt

1 Deutsch ist gar nicht so schwer

Gitarre

Jeans

Skateboard

A

ZIRKUS

ZOO

Telefon

B

SUPERMARKT DISCO INFORMATION POST BIBLIOTHEK

PAKET

C

SPORT - STUDIO

2 Kilometer

3 Meter

10 Kilogramm

10 Gramm

D

a Lies die Wörter. Welche Wörter kennst du aus deiner Sprache?

1/02-05 **b** Hör die Szenen 1–4 und schau die Bilder A–D an. Was passt zusammen?

1/02-05 **c** Hör noch einmal zu und zeig die Wörter auf den Bildern mit.

→ AB 1

2 Meine Wörter

1/06 **a** Hör zu, lies in den Bildern in 1 mit und sprich nach.

b Schreib die Wörter in den Bildern auf Karten.
Leg die Karten auf den Tisch.

Zoo

Pizza

Post

1/02-05 **c** Nun hör die Szenen aus 1 noch einmal.
Hörst du ein Wort? Dann halt die Karte hoch.

→ AB 1

3 Findest du die Wörter?

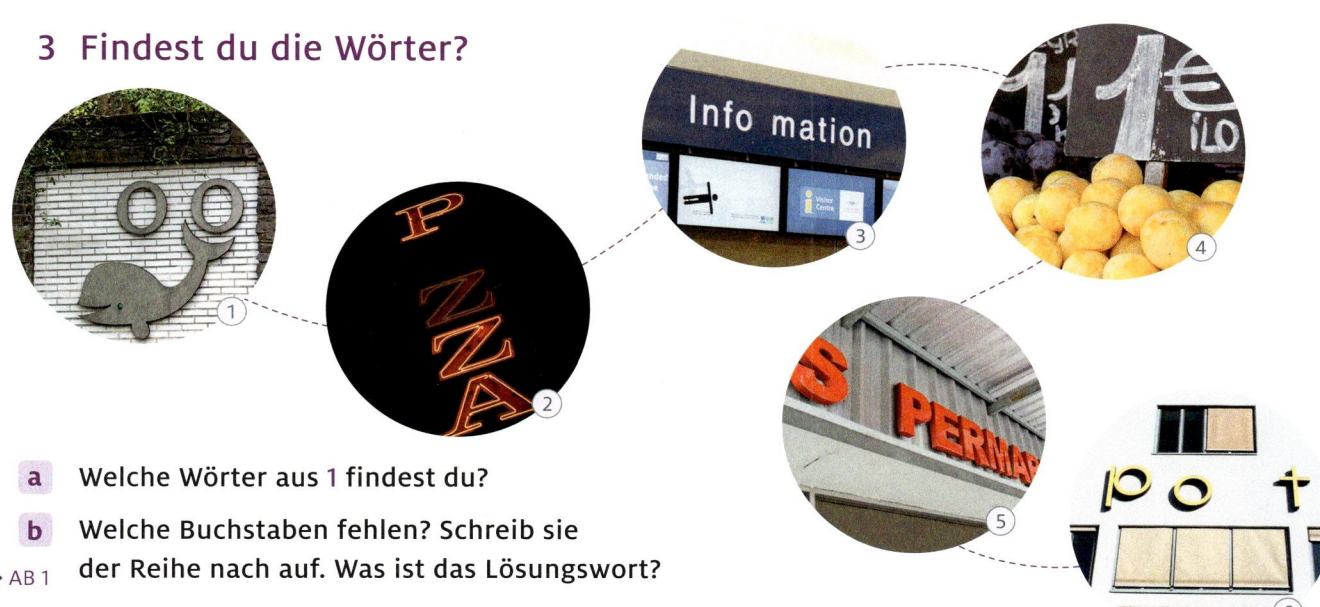

a Welche Wörter aus 1 findest du?

b Welche Buchstaben fehlen? Schreib sie
der Reihe nach auf. Was ist das Lösungswort?

→ AB 1

4 Das ABC

Aa [a]	**Ff** [ef]	**Kk** [ka]	**Pp** [pe]	**Uu** [u]
Bb [be]	**Gg** [ge]	**Ll** [el]	**Qq** [ku]	**Vv** [fau]
Cc [tse]	**Hh** [ha]	**Mm** [em]	**Rr** [er]	**Ww** [we]
Dd [de]	**Ii** [i]	**Nn** [en]	**Ss** [es]	**Xx** [ix]
Ee [e]	**Jj** [jot]	**Oo** [o]	**Tt** [te]	**Yy** [ypsilon]
				Zz [tset]

Und: Ää, Öö, Üü, ß

1/07 **a** Hör den Rap und lies mit.

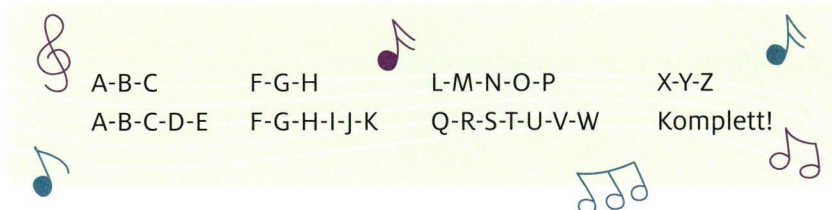

A-B-C	F-G-H	L-M-N-O-P	X-Y-Z
A-B-C-D-E	F-G-H-I-J-K	Q-R-S-T-U-V-W	Komplett!

b Schreibt die Buchstaben auf Karten.

c Jeder Schüler bekommt eine Karte.
Singt den Rap und stellt euch nach dem ABC auf.

→ AB 2-3

5 Buchstabieren

1/08 **a** Hör zu und schreib auf.

b Buchstabiere Wörter aus 1. Deine Partnerin/dein Partner schreibt auf.

→ AB 2-3

ge-i-te-a-er-er-e

Gitarre

6 Hier spricht man Deutsch

a   Schau die Karte an. Wie heißen die Länder in deiner Sprache?

1/09 b   Hör zu, zeig auf der Karte mit und sprich nach.

c   Schau die Karte genau an. In den markierten Ländern spricht man Deutsch.
Sind die Aussagen richtig? Ja oder nein?

1. Deutschland.   7. Schweiz.
2. Ungarn.   5. Liechtenstein.
3. Polen.   6. Tschechien.

→ AB 4 4. Österreich.

Deutschland.
Ja.

Ungarn.
Nein.

7 Woher kommen die Personen?

1/10 a   Hör zu und zeig auf der Karte mit.

1/11 b   Hör zu und antworte.

→ AB 5

Schau die Bilder und Texte an.
Was verstehst du? Worum geht es?
Sprich in deiner Sprache.

Bravissimo präsentiert

Emma und Band

Lead-Gitarre: Hanna
Bass und Keyboard: Lena
Schlagzeug: Faina
Im Vorprogramm die Gruppe Gajo

15. Oktober | 16:00 und 20:00 Uhr | Olympia-Halle

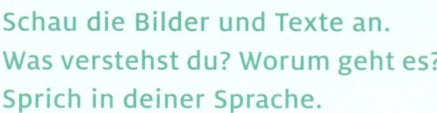

EMMA

Kennenlernen

Das lernst du:

- sich vorstellen
- sich begrüßen
- eine Meinung sagen
- einen Wunsch sagen
- sagen, was man gern macht
- nach dem Alter fragen
- sich verabschieden

- Zahlen von 1 bis 20
- Getränke
- Hobbys

- Aussagesätze
- W-Fragen und Ja/Nein-Fragen
- Verbformen mit *ich* und *du*

Geschichte: Heiko und Heike

1 Das Musik-Quiz

Möchtest Du ins Emma-Konzert?
Mach mit beim **BRAVISSIMO** Musik-Quiz.
Der Preis: eine Karte für das
Emma-Konzert in der Olympia-Halle

Hier ist die Quiz-Frage:
Was für ein Instrument spielt *Emma*?

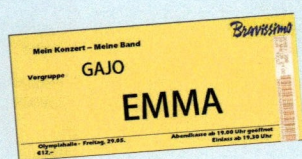

Schick die Lösung an:
BRAVISSIMO
Musik-Quiz Emma-Konzert
81369 München
oder geh auf unsere Homepage

a Schau die Bilder an und lies den Text. Worum geht es?
Sprich in deiner Sprache.

1/12 **b** Hör die Szene. Zu welchem Bild passt sie? A, B oder C?

→ AB 1

2 Emmas Musik

1/13 Hör zu. Welche Musik macht Emma? Was glaubst du? 1, 2 oder 3?

→ AB 1

3 Am Eingang

He, Hanna! Hallo!

Hanna? Ich heiße Heike.

Hallo, Hanna.

Wie heißt du?

Heike! Und du? Wer bist du?

Ich bin Heiko.

Heike und Heiko! Hahaha! Na so was!

1/14 **a** Schau die Bilder an und hör zu.

1/14 **b** Hör noch einmal zu und lies mit.

1/14 **c** Hör noch einmal zu und sprich nach.

→ AB 2

sich vorstellen
Ich heiße ...
Ich bin ...

Und du bist **Dabei!**

4 Szenen spielen

a Spielt die Szene aus 3.

b Spielt die Szene auch mit diesen Namen:
Gabriele und Gabriel ▪ Lina und Linus ▪
Paula und Paul ▪ Andrea und Andreas

c Kennt ihr auch ähnliche Jungen- und Mädchennamen?
→ AB 2 Spielt die Szene mit diesen Namen.

W-Fragen und Aussagesätze
● **Wie** heißt du?
▲ Heike./Ich heiße Heike.
▲ **Wer** bist du?
● Heiko./Ich bin Heiko.

5 Laute und Buchstaben: h

1/15 **a** Hör zu und sprich nach.

1/16 **b** Lies laut. Dann hör zu. Richtig? Wiederhole.
He! Hallo! Wie heißt du? ▪ Heike. Ich heiße Heike. ▪
→ AB 3 Ich heiße Heiko! ▪ Heike und Heiko. Hahaha!

So sprichst du das **h** richtig:

Hahaha!

6 Fragespiel: Wie heißt du …

Spielt das Fragespiel.

→ AB 4

werfen und fragen | fangen und antworten, werfen und fragen | fangen und antworten, werfen und fragen …

7 Begrüßen

1/17-19 **a** Hör die Szenen 1–3 und schau die Bilder A–C an. Was passt zusammen?

1/17-19 **b** Hör noch einmal zu, lies mit und sprich nach.

c Wie heißt deine Deutschlehrerin/dein Deutschlehrer?
→ AB 5 Begrüß deine Lehrerin/deinen Lehrer.

Guten …, Frau/Herr …

sich begrüßen
Guten Morgen!
Guten Tag!
Guten Abend!
Hallo!

8 Begrüßungen bei uns und anderswo

Hallo!

a Schau das Schaubild an. So grüßt man in Deutschland.

b Wie ist das bei euch? Sprich in deiner Sprache.

→ AB 6

9 Meine Karte – deine Karte

1/20   Hör genau zu. Wo sitzen Heiko und Heike? Zeig das auf dem Bild.

→ AB 7-8

10 Zahlen

1 eins	**5** fünf	**9** neun	**13** dreizehn	**17** siebzehn
2 zwei	**6** sechs	**10** zehn	**14** vierzehn	**18** achtzehn
3 drei	**7** sieben	**11** elf	**15** fünfzehn	**19** neunzehn
4 vier	**8** acht	**12** zwölf	**16** sechzehn	**20** zwanzig

1/21   **a**   Hör zu und lies mit.   1/22   **b**   Hör zu, zeig mit und sprich nach.

→ AB 7-8

11 Laute und Buchstaben: ei

1/23   **a**   Hör zu, lies mit und sprich nach.

eins, zwei, drei ▪
Ich heiße Heike.

→ AB 9

1/24   **b**   Lies laut. Dann hör zu. Richtig? Wiederhole.

Guten Tag, Frau Weiß. ▪ Ich heiße Heiko. ▪ Wie heißt du? Heike? ▪ Nein! Heiko!

So sprichst du das **ei** richtig:
Du schreibst **ei**.
Du sprichst **[ai]**.

12 Heikes SMS

Heute bin ich im Emma-Konzert. Ich bin in Reihe 1 auf Platz 13. Und gleich auf Platz 5 ist Heiko. ☺   (A)

Heute bin ich im Emma-Konzert. Ich bin in Reihe 1 auf Platz 13. Und gleich auf Platz 12 ist Heiko. ☺   (B)

Heute bin ich im Emma-Konzert. Ich bin in Reihe 1 auf Platz 3. Und gleich auf Platz 12 ist Heiko. ☺   (C)

→ AB 10   Lies die drei SMS-Nachrichten. Welche SMS schreibt Heike?

13 Zahlen-Memo

a   Schreib Kartenpaare.

1/25   **b**   So geht das Spiel: Hör zu und schau im Magazin auf Seite 66 nach.

→ AB 11

1 Das Konzert fängt an

1/26   **a**   Deck die Bilder zu. Hör auf die Geräusche. Welche Situation ist das?
Sprich in deiner Sprache.

1/27   **b**   Hör zu. Was ist richtig? Was ist falsch?

1/27   **c**   Hör noch einmal genau zu. Welche Wörter hörst du? Zeig darauf.

Österreich ▪ Deutschland ▪ Schweiz ▪ Polen ▪ Ungarn ▪
Disco ▪ Telefon ▪ Sport ▪ Musik ▪ Gitarre

  d   Hast du noch andere Wörter erkannt? Welche?

→ AB 1

2 Der Gajo-Hit „Hallo, hallo, hallo": Strophe 1

Hallo, hallo, hallo!
Sag mir, wer bist du?
Hallo, hallo, hallo!
Sag mir, wie heißt du?

Heißt du Eva?
Heißt du Pia?
Heißt du Sara oder Maria?

Ich heiße Hanna.
Hanna? Hanna!
Dein Name ist Musik.
Hanna, ich glaube,
du bist mein Glück.

1/28   **a**   Hör zu und lies mit.   1/29   **b**   Karaoke: Sing zum Playback.

→ AB 1

3 In der Pause

Wie findest du Gajo?

Na ja.

1/30 **a** Schau das Bild an und hör zu.

1/31 **b** Hör die Fragen und antworte. Richtig? Sprich nach.
Zu schwer? Dann hör zuerst alle Fragen und Antworten.

 Super!/Toll!   Na ja. Es geht.   Doof./Blöd.

→ AB 2-3
 Gut.   Nicht so gut.

eine Meinung sagen

● Ich finde ...	toll.
	super.
	gut.
	nicht so gut.
	doof.
	blöd.

▲ Findest du ... gut/toll?
● Na ja. Es geht.

4 Der Gajo-Hit „Hallo, hallo, hallo": Strophe 2

Hanna, Hanna, Hanna!
Wie findest du Musik?
Hanna, Hanna, Hanna!
Wie findest du Musik?

Wie findest du Techno?
Magst du auch Rock?
Wie findest du Rap oder Pop?

Ich finde Pop toll.
Wirklich? Super!
Das ist auch meine Musik.
Hanna, ich glaube,
du bist mein Glück.

1/32 **a** Hör zu und lies mit.   1/33 **b** Karaoke: Sing zum Playback und ergänze.

→ AB 2-3

5 Fragen und Antworten

1/34 **a** Hör zu und sprich nach.

b Nennt in der Gruppe Musikstile, Sänger und Bands.
Stellt in der Gruppe Fragen und antwortet.

Wie findest du ...?

Findest du ... gut/blöd/...?

Magst du ...?

Ich finde ... toll. Und du?

Ja./Nein./Na ja.

Super./Toll./Doof./...

Was magst du?

Ich mag ...

... ist doch toll, oder?

Ja./Na ja.

→ AB 4-7

W-Fragen und Ja/Nein-Fragen

● **Wie** findest du ...?
▼ Gut.

● Findest du ... gut?
▼ Ja./Nein./Na ja.

● **Was** magst du?
▼ Pop.

● Magst du Pop?
▼ Ja./Nein./Na ja.

➤ 6 Emma

1/35 **a** Hör zu. Welche Situation ist das? Sprich in deiner Sprache.

1/35 **b** Hör noch einmal zu. Das Mikrofon ist kaputt. Was fehlt?
Bring die Sprechblasen in die richtige Reihenfolge. Was ist
das Lösungswort?

Vier — T

...bist du? — E

Und du? — C

...Gitarre — H

...heißt du? — N

Ich bin ... — O

→ AB 4-6

7 Internet-Forum

Leute, heute Emma in der Olympia-Halle. Toll! Lucky

Ich finde Emma und Gajo ziemlich doof. Ari

Hey Ari! Du findest Emma doof? Wirklich?
E. ist super und Gajo auch!!! Pit

Ari, E. im Konzert, einfach super, super, super!! Mela

E. ist ja ganz gut. Aber Gajo als Vorgruppe?
Die finde ich nicht so gut. Tomtom

Okay, G. ist nicht so toll. Egal!
Ich gehe trotzdem hin. Ich mag Emma einfach. Giga

Also ich finde Gajo wirklich gut. Aber Emma?
Na ja. Bello

> **TIPP**
> Du musst beim Lesen
> nicht jedes Wort
> verstehen.
> Konzentriere dich
> auf die Wörter, die du
> schon kennst.
> Dann verstehst du
> die wichtigsten
> Informationen.

a Lies die Texte. Wie finden die Personen Emma?
Schreib die Namen und ☺ ☺ ☹.

Lucky ☺ , Ari ...

b Lies die Sätze. Was ist richtig? Was ist falsch?

1. Ari: Ich finde Gajo gut.
2. Bello: Ich finde Gajo wirklich gut.
3. Giga: Ich finde Gajo super.
4. Tomtom: Ich finde Gajo nicht so gut.
5. Pit: Ich finde Gajo doof.

1 ist falsch.

→ AB 7-8

1 Am Kiosk

A: Also, was möchtest du? — Hm …

B: Möchtest du Saft? — Nein. Cola oder Limo? — Hm. Ich möchte Milch.

C: Milch? Wirklich? Na gut.

D: Zweimal Milch, bitte. — Hier bitte. — Danke. — Bitte.

E: Trinkst du gern Milch? — Ja. Und du? — Na ja.

F: Was trinkst du denn so? — Ich trinke gern Saft. Aber manchmal auch Milch.

1/36 **a** Hör zu und lies mit.

1/37 **b** Hör die Wörter, zeig mit und sprich nach.

Cola   Limo/Limonade   Saft   Wasser/Mineralwasser   Milch   Kaffee   Tee

c Spielt die Szene mit den Wörtern aus 1b.
- ◆ Also, was möchtest du?   ◆ Möchtest du Tee/Kaffee/ …?
- ▲ Hm.   ▲ …

→ AB 1-2

Getränke
Saft
Kaffee
Tee
Wasser/Mineralwasser
Limo/Limonade
Cola
Milch

einen Wunsch sagen
● Was möchtest du?
▼ Ich möchte …
● Möchtest du …?
▼ Ja./Nein.

2 Laute und Buchstaben: ich-Laut

1/38 **a** Hör zu und sprich nach.

1/39 **b** Lies laut. Dann hör zu. Richtig? Wiederhole.

Möchtest du Milch? ▪ Nein, ich finde Milch nicht gut. ▪
Möchtest du Cola? ▪ Ja, sechzehn Cola. ▪
→ AB 3 Ich bin in Österreich und manchmal in Liechtenstein. ▪ Wirklich?

So sprichst du das **ch** nach e, i, ei, ö und Konsonant:
Fauch wie eine böse Katze.

Was weiß ich jetzt von dir?
Du heißt Heike.
Du magst Gajo und Emma.
Du trinkst gern Milch.
Was noch?

● Du hörst gern ??? (1), oder?

▲ Ja, richtig.

● Machst du auch Musik?

▲ Ja, ich spiele ??? (2).

● Oh, Klavier, schön! Ich spiele Gitarre.

● Machst du eigentlich auch Sport?

▲ Ja klar! Ich mache ??? (3).
Und ich spiele sehr gern ??? (4).

● Was? Du spielst Fußball? Das finde
ich super. Du machst aber viel.
Machst du noch etwas?

▲ Ja, ich spiele gern ??? (5).

● Aha.

▲ Findest du Theater nicht gut?

● Theater? Ich finde Theater super.
Sag mal, wie alt bist du eigentlich?

▲ Ich bin ??? (6). Und du?

● Vierzehn. Ich bin vierzehn Jahre alt.

▲ Ach ja?

Klavier

Musik

Judo

Theater

Fußball

dreizehn

Hobbys

Klavier	
Theater	spielen
Fußball	
Musik	machen
Judo	
Musik	hören

sagen, was man gern macht
Ich spiele gern …

nach dem Alter fragen
● Wie alt bist du?
▼ Ich bin vierzehn
(Jahre alt).

Verbformen mit *ich* und *du*

ich	höre	ich -e
ich	trinke	
du	machst	du -st
du	hörst	
du	heißt	du -t
du	möchtest	du -est
du	findest	

❗ Ich **bin** 14.
Du **bist** 13.

1/40 a Hör zu und schau die Bilder an.

1/40 b Hör noch einmal zu, lies mit und sprich nach.

c Ordne die Bilder den Zahlen im Dialog zu.

→ AB 4-6

4 Wie bitte?

1/41 a Hör die Sätze und die Fragen mit „hm hm". Ergänze.
Hör zur Kontrolle die ganze Frage und sprich nach.

1/42 b Hör die Sätze mit „hm hm" und sprich die Fragen mit.
→ AB 7 Hör die Antwort. Sprich nach.

5 Spiel „Schwarzer Peter"

a Schreib zehn Kartenpaare und mach dazu die Karte „Schwarzer Peter".

b So geht das Spiel: Schau im Magazin auf Seite 67 nach.

→ AB 7

6 Gajo-Hit: „Hallo, hallo, hallo": Strophe 3 und 4

Hanna, Hanna, Hanna!
Sag mir, machst du Sport?
Spielst du Tennis oder Fußball
oder Basketball im Ort?
Ich spiele Tennis.
Wirklich? Wirklich?
Das ist auch mein Sport.
Hanna, ich glaube, ich liebe dich.
Bitte geh nie wieder fort.

Hanna, Hanna, Hanna!
Sag, was trinkst du gern?
Trinkst du Limo? Trinkst du …?
Trinkst du … oder …?
Ich trinke gern …
Wunderbar, wunderbar.
Das trinke ich auch gern.
Hanna, Hanna, du bist wie ich.
Hanna, ich glaube, ich liebe dich.

1/43 **a** Hör zu und lies mit.   1/44 **b** Karaoke: Sing zum Playback und ergänze.

→ AB 8

7 Tschüss – Auf Wiedersehen

1/45 **a** Hör zu und schau das Bild an.
Welche Situation ist das?

1/45 **b** Hör noch einmal zu und lies mit.
Bring die Sätze in die richtige
Reihenfolge.

Und
du bist
Dabei!

| a | Auf Wiedersehen! |
| b | Tschüss und auf Wiedersehen? |
| c | Ich gehe jetzt nach Hause.
Tschüss und danke. |

1/45 **c** Hör noch einmal zu und sprich nach.

d Spielt die Szene und nehmt sie auf.

sich verabschieden
Auf Wiedersehen!
Tschüss!

→ AB 9-11

1 Landeskunde: sich begrüßen und verabschieden

1/46 **a** Hör zu und lies mit.

1/46 **b** Hör noch einmal zu und zeig auf der Landkarte mit.

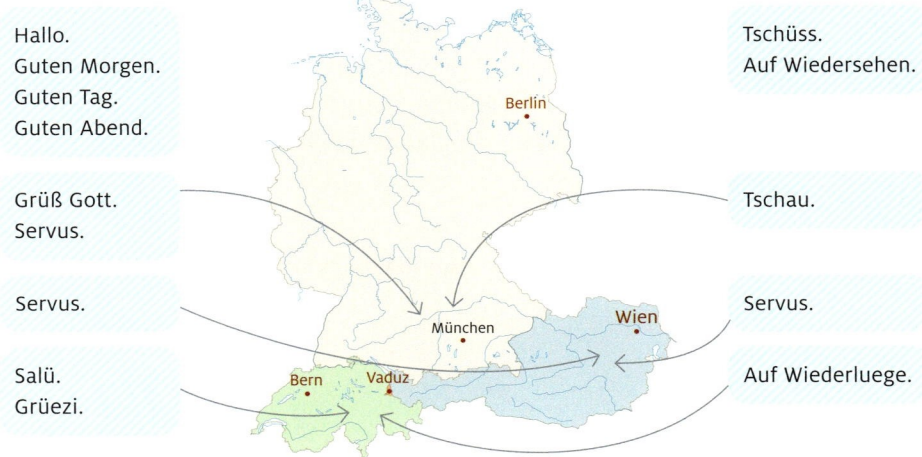

2 Projekt: Klassenplakat „Das bin ich"

a Stell dich vor. Schreib auf einen Zettel:

> *Ich heiße …*
> *Ich bin … Jahre alt.*
> *Ich … gern.*
> *Ich trinke gern …*
> *Ich finde … gut/toll/…*

b Macht ein Klassenplakat: Klebt die Zettel mit einem Foto auf einen Karton.

3 Lesen: Die Telefonnummer

1   *Heiko:* He, Heike, stopp! Warte mal!
    Heike: Was ist denn?
    Heiko: Deine Nummer. Deine Telefonnummer.
    Heike: Also: 981211
    Heiko: Okay. Danke. Und auf Wiedersehen.

2   *Heiko:*   Schon zwei Tage! Heute rufe ich Heike an.
    Frau 1: Ja bitte?
    Heiko: Heike?
    Frau 1: Heike? Was für eine Heike?
    Heiko: Hallo, ich bin's, Heiko.
    Frau 1: Tut mir leid. Die Nummer ist falsch.
    Heiko: He, hallo! Ich probiere es noch mal.
              Hallo, ich bin's, Heiko.
    Frau 1: Schon wieder. Ich sage dir doch,
              die Nummer ist falsch.

3   *Heiko:* Das verstehe ich nicht. Die Nummer ist
             doch richtig: neun, acht, elf, zwölf.
             Was mache ich denn jetzt?
             Ach, ich kaufe mir eine CD von Emma.

4   *Heike:* Schon zwei Tage! Was ist denn los?
             Heiko hat doch meine Telefonnummer.
             Oje, was mache ich denn jetzt? Ach!
             Na ja, vielleicht kaufe ich mir die
             neue CD von Emma.

5   *Heiko:*   Guten Tag. Wo sind denn CDs von Emma?
    Frau 2: Gleich da drüben.
    Heiko: Danke. Heike?
    Heike: Hallo, Heiko.
    Heiko: Heike und Heiko.
    Heike: Na so was!

a   Schau die Bilder an. Sie sind nicht in der richtigen Reihenfolge.
    Aber du kannst die Geschichte erkennen.

b   Lies den Text.

c   Ordne die Bilder den Textabschnitten zu. Was ist das Lösungswort?

d   Lies genau. Welchen Fehler macht Heiko?

1/47   e   Und so hört sich die Geschichte an. Hör zu und schau die Bilder an.

Film
Modul 1

4 Schau den Film *Hallo! Guten Tag! Grüß Gott!* zu Modul 1 an und lös die Aufgaben auf Seite 78.

Kommunikation

sich vorstellen	Wie heißt du?/Wer bist du? – Ich heiße .../Ich bin ...
sich begrüßen	Guten Morgen! ▪ Guten Tag! ▪ Guten Abend! ▪ Hallo!
eine Meinung sagen	Wie findest du ...? – (Ich finde ...) toll/super/gut/ nicht so gut/doof/blöd. Findest du ... gut/toll? – Ja./Nein./Na ja. Es geht. Magst du ...? – Ja./Nein./Na ja. Ich mag ...
einen Wunsch sagen	Was möchtest du? – Ich möchte ... ▪ Möchtest du ...? – Ja/Nein.
sagen, was man gern macht	Ich spiele (gern) Fußball/Theater/Klavier. ▪ Ich mache (gern) Sport/Musik. ▪ Ich höre (gern) Musik.
nach dem Alter fragen	Wie alt bist du? – Ich bin ... (Jahre alt).
sich verabschieden	Auf Wiedersehen! ▪ Tschüss!

Grammatik

1 Verb

Verbformen mit ich *und* du									
	spielen	*machen*	*hören*	*trinken*	*heißen*	*finden*	*möcht-*	*mögen*	*sein*
ich	spiel**e**	mach**e**	hör**e**	trink**e**	heiß**e**	find**e**	möchte	**mag**	**bin**
du	spiel**st**	mach**st**	hör**st**	trink**st**	heiß**t**	find**est**	möchtest	**magst**	**bist**

2 Satz

Aussagesatz			
	Ich	heiße	Hanna.
	Ich	spiele	Klavier.

Ja/Nein-Fragen			
	Hörst	du	gern Musik? – Ja.
	Machst	du	Sport? – Nein.

W-Fragen			
	Wer	bist	du? – Lina.
	Wie	heißt	du? – Heike.
	Was	möchtest	du? – Saft.

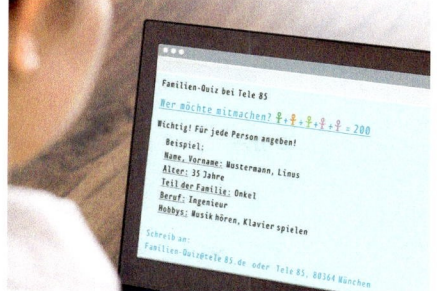

2

Schau die Bilder und Texte an.
Was verstehst du?
Worum geht es?
Sprich in deiner Sprache.

ich

Onkel Jan

meine Schwester Eva

mein Bruder Max

Familie

Das lernst du:

- sich verabreden
- jemanden vorstellen
- sagen, was man (nicht) gern macht
- sich verabschieden
- Informationen erfragen mit *wo?* und *woher?*

- Familie
- Zahlen von 20 bis 1000

- Berufe
- Hobbys

- Personalpronomen
- Verbformen von *sein*
- Possessivartikel *mein/meine, dein/deine*
- Negation *nicht*
- Verbformen im Singular

Geschichte: Lisa und das Familien-Quiz

4 Familien-Quiz

1 Was kommt im Fernsehen?

1/48

Hör zu und schau das Bild an.
Was verstehst du?
Sprich in deiner Sprache.

Ich bin Andreas Weil. Bald feiern wir 200 mal Familien-Quiz! Super!

2 Wer darf mitmachen?

1/49 **a** Hör zu und zeig oben mit.

1/49 **b** Lies die Sätze. Hör noch einmal zu. Was ist richtig? Was ist falsch?

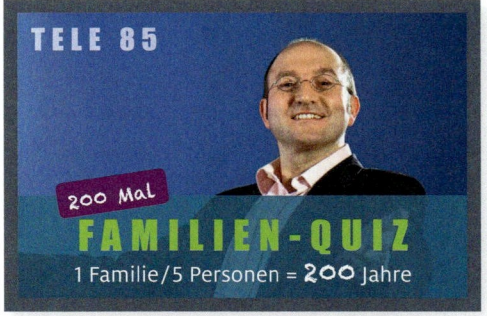

200 Mal
FAMILIEN-QUIZ
1 Familie / 5 Personen = 200 Jahre

1. Die Sendung heißt „Familien-Quiz".
2. Wir suchen 200 Personen.
3. Das Quiz ist für fünf Familien.

→ AB 1-3 4. Schwester und Bruder sind Geschwister.

Familie	
Vater/Papa	Eltern
Mutter/Mama	
Bruder	Geschwister
Schwester	
Großvater/ Opa	Großeltern
Großmutter/ Oma	
Onkel	
Tante	
Cousin	
Cousine	

3 Familie: Vater, Mutter, …

1/50 **Hör zu, zeig im Bild in 2a mit und sprich nach.**

→ AB 1-3

So sprichst du
das -er am Ende:
Du schreibst Vater.
Du sprichst   Vat[a].

TIPP
Achte auf die Betonung!
Mutter ▪ Schwester ▪
Bruder ▪ Vater

4 Laute und Buchstaben: -er

1/51 **a Hör zu, lies mit und sprich nach.**

Vater ▪ Mutter ▪ Bruder ▪ Schwester

1/52 **b Lies laut. Hör zu. Richtig? Wiederhole.**

Bruder ▪ Schwester ▪ Vater ▪ Mutter ▪
Meter ▪ Kilometer ▪ Wasser ▪ Mineralwasser ▪ Theater ▪

→ AB 4-5 He, Peter! ▪ Peter, du bist super!

5 Familie Hofmann

Da möchte ich mitmachen!

1/53 **a Hör zu und schau das Bild an.
Worum geht es? Sprich in deiner Sprache.**

1/54 **b Schau die Fotos an, hör zu und zeig
auf den Familienfotos mit.**

Papa und Mama • Opa und Oma • Onkel Jörg • ich • Onkel Jan • meine Schwester Eva • mein Bruder Max • Oma Martha • Tante Anne • meine Cousinen Pia und Paula • mein Cousin Fabian • Tante Rita

1/54 **c Lies die Wörter unten. Hör noch einmal zu.
Wer gehört zu Lisas Familie? Was ist richtig? Was ist falsch?**

1. Vater und Mutter
2. Schwester Anne
→ AB 6-8 3. Bruder Max

4. zwei Cousinen
5. Cousin Jan
6. Onkel Rita

7. zwei Tanten
8. Großeltern

6 Zahlen

20 zwanzig	30 dreißig	40 vierzig	50 fünfzig
21 einundzwanzig	31 einunddreißig	41 einundvierzig	60 sechzig
22 zweiundzwanzig	32 zweiunddreißig	42 zweiundvierzig	70 siebzig
23 dreiundzwanzig	33 dreiunddreißig	43 ...	80 achtzig
24 vierundzwanzig	34 vierunddreißig		90 neunzig
25 fünfundzwanzig	35 fünfunddreißig		100 (ein)hundert
26 sechsundzwanzig	36 sechsunddreißig		200 zweihundert
27 siebenundzwanzig			300 dreihundert
28 achtundzwanzig			...
29 neunundzwanzig			1000 (ein)tausend

1/55 **a** **Hör zu und lies mit.**

1/56 **b** **Hör genau zu, zeig mit und sprich nach.**

1/57 **c** **Hör zu. Welche Zahl hörst du, a oder b?**

→ AB 9-10

a 14 b 40 ▪ a 15 b 50 ▪ a 16 b 60 ▪ a 17 b 70 ▪

a 18 b 80 ▪ a 19 b 90

Zahlen von 20 bis 1000
Du sprichst
zuerst die Einer,
dann die Zehner!

54

vier**und**fünfzig

7 Laute und Buchstaben: -ig

1/58 **a** **Hör zu und sprich nach.**

1/59 **b** **Lies laut. Hör zu. Richtig? Wiederhole.**

zwanzig ▪ neunzig ▪ sechsundvierzig ▪ siebenunddreißig ▪
→ AB 9-10 fünfundfünfzig ▪ einundsiebzig ▪ achtundsechzig ▪ Richtig!

**So sprichst du
die Zahlen richtig:**
Du schreibst -ig.
Du sprichst [-ich].
zwanzig
zwanzich

8 Rechnen

1/60 **Hör zu und schreib auf.**

→ AB 9-10 ??? + ??? + ??? + ??? + ??? + ??? + ??? + ??? + ??? + ??? = 600

TIPP
Du hörst „vierundsiebzig"
Du schreibst 74

1 Wie alt?

▲ Mama , wie alt bist du denn?
● Das weißt du doch! 39 .
▲ Und wie alt ist Tante Anne ?
● Warte mal. Sie ist 38 .
▲ Und Onkel Jörg ?
● Onkel Jörg ? Er ist 41 .
▲ Aha. Und Paula und Pia ? Fünfzehn ?
● Nein, sie sind vierzehn .
▲ Und ich bin dreizehn.
● Ja und?
▲ Nur so.

1/61 **a** Hör zu und zeig auf den Familienfotos auf Seite 25 mit.

1/61 **b** Hör noch einmal zu und lies mit.

→ AB 1-3   Ich bin 13.   Du bist 39.   Er ist 41.   Sie ist 38.   Sie sind 14 Jahre alt.

Personalpronomen	
Singular	*Plural*
ich	
du	
er/sie	sie

2 Lisa fragt auch Papa

Mach den Dialog. Tausch die Teile aus 1 aus.

▲ Papa , wie alt bist du denn?
■ Das weißt du doch! 45 .
▲ Und wie alt ist Tante Rita ?
■ Warte mal …

Verbformen von *sein*	
Singular	*Plural*
ich bin	
du bist	
er/sie ist	sie sind

Tante Rita	Onkel Jan	Opa und Oma – siebzig?
→ AB 1-3 | 42 | 51 | 69 und 65 |

3 Zahlen und Nummern

Ⓐ   Ⓑ   Ⓒ   Ⓓ   Ⓔ

1/62 **Hör zu. Zeig die Zahlen auf den Bildern mit.**

5

4 Lisas Tagebuch

Lies das Tagebuch und beantworte die Fragen.

1. Wie alt ist Max?
2. Wie alt sind Pia und Paula?
3. Wie alt ist Fabian?
4. Wie alt ist Oma Martha?
5. Wie alt ist Eva?

→ AB 4-6

> 10. Oktober
> Heute bin ich ganz nervös! 200 mal Familien-Quiz!
> Ich möchte so gern mitmachen. Meine Familie auch?
> Ich weiß nicht. Vielleicht geht es gar nicht.
> Fünf Personen, zusammen 200 Jahre.
> Also: Wie alt sind meine Eltern und meine Großeltern?
> Mein Bruder Max ist zehn und meine Schwester Eva ist 17.
> Meine Cousinen sind 14 und mein Cousin Fabian ist 18.
> Und Oma Martha? Sie ist 73 Jahre alt. Sie möchte
> sicher mitmachen. Sie ist super.
> Ach, das ist alles so schwer! Ich frag mal Sara. Sie ist
> doch meine Freundin.

5 Lisa denkt nach

Ergänze die Sätze. Die Angaben findest du in 1, 2 und 4.

1/63 Zu schwer? Dann hör zu, lies mit und ergänze.

→ AB 4-6

Ich bin …
Meine Mutter ist …
Meine Tante Rita ist …
Mein Onkel Jan ist …
Meine Cousinen sind …
Meine Schwester ist …

Possessivartikel
mein/meine
ich
→ mein Vater
→ meine Mutter
→ meine Cousinen

Weißt du noch?
Du schreibst **ei**.
Du sprichst **[ai]**.

6 SMS

Gleich fertig? Super.
Ich komme sofort. **U**

Das sage ich dir dann.
Ich bin gleich da. **E**

Ja, ich lerne Englisch.
Aber ich bin gleich fertig. **R**

Hi, Sara. Machst du
gerade Hausaufgaben? **B**

Du kommst? Super.
Aber was ist denn los? **D**

Gut, bis gleich. **R**

TIPP
Du musst nicht jedes Wort verstehen. Achte auf gleiche Wörter. Das hilft dir.

sich verabreden
▲ Kommst du?
● Ich komme sofort.
▲ Du kommst? Super!
● Ich bin gleich da. / Ich bin gleich fertig.
▲ Gut, bis gleich.

a Lies die SMS-Nachrichten. Was verstehst du?

b Lies noch einmal. Ordne die SMS. Beantworte dann die Frage:

→ AB 7 Wer ist Max? Was ist das Lösungswort? Lisas ???

28 achtundzwanzig

7 Was passt?

meine Mutter 39
Tante Rita 42
Onkel Jan 51
meine Cousinen 14
meine Schwester 17

1. Wie alt ist denn dein Vater?
2. Und dein Bruder?
3. Und deine Tante Anne?
4. Wer ist noch da?
5. Wie alt ist er?
6. Fabian? Wer ist das denn?
7. Und wie alt sind deine Großeltern?

I	Das ist mein Cousin. Er ist 18.
M	Sie ist 38.
I	Mein Onkel Jörg.
F	Er ist 45.
A	Er ist zehn.
L	41. Und dann ist da noch Fabian.
E	Sie sind – warte mal – 65 und 69. Meine Oma ist 65 und mein Opa 69. Und meine Oma Martha ist 73.

1/64

→ AB 8-9

Hör zu. Ordne die Fragen und Antworten. Was ist das Lösungswort?
Vielleicht kannst du das auch ohne Hilfe. Dann hör den Text zur Kontrolle.

> **Possessivartikel**
> *dein/deine*
> du
> → dein Vater
> → deine Mutter
> → deine Großeltern

8 Zusammen 200 Jahre alt?

Lisa und Sara rechnen so:

ich
meine Mutter
mein Opa
Tante Rita
Tante Anne

du
dein Vater
deine Oma Martha
dein Cousin
dein Onkel Jan

→ AB 8-9 **Rechne selbst. Wer hat recht? Lisa oder Sara?**

> **Possessivartikel *mein/dein***
>
> | mein/dein | Vater / Onkel |
> | meine/deine | Mutter / Tante |
> | meine/deine | Eltern / Großeltern / Geschwister |

9 Meine Familie – deine Familie

Bringt Familienfotos mit und sprecht darüber.

> **jemanden vorstellen**
> ▲ Wer ist das?
> ● Das ist … /Das sind …
> Er/Sie heißt …
> Er/Sie ist … (Jahre alt).

→ AB 10

10 Papa

▲ Du, Papa, du kennst doch Familien-
Quiz im Fernsehen.

■ Ja und?

▲ Ich möchte mitmachen. Du auch?

■ Wie bitte?

▲ Na ja. Möchtest du auch mitmachen?

■ Ich? Na, ich weiß nicht.

▲ Bitte, Papa!

■ Nein. Nein, ich möchte nicht. Ich möchte
nicht mitmachen. Ich spiele nicht so gern.

▲ Bitte, bitte, bitte!

■ Na gut.

1/65 **a** Hör zu und lies mit.

b Lisa spricht mit Onkel Jan.
→ AB 11-13 Er reagiert wie Papa. Macht den Dialog.

> **sagen, was man (nicht) gern macht**
> Ich möchte (nicht) spielen.
> Ich spiele (nicht) so gern.

> **Negation nicht**
> Ich weiß nicht.
> Ich möchte nicht.
> Ich möchte nicht spielen.
> Ich spiele nicht so gern.

Und du bist Dabei!

11 Oma Martha

Hallo, Lisa, mein Schatz.

Auf Wiedersehen!

> **sich verabschieden**
> Auf Wiedersehen!
> Tschüss!
> Gute Nacht!

1/66 **a** Hör zu. Dann lies die Sätze. Was ist richtig? Was ist falsch?

1. *Lisa sagt:* Hallo, Opa.
2. *Sara sagt:* Guten Abend!
3. *Oma fragt:* Wie geht's?
4. *Oma sagt:* Das ist nicht toll.
5. *Lisa sagt:* Oma, du bist doch nicht zu alt.
6. *Sara sagt:* Gute Nacht, Frau König!
7. *Oma sagt:* Auf Wiedersehen!

1/66 **b** Lies die Sätze richtig vor. Hör zur Kontrolle noch einmal zu.

→ AB 14

12 SMS an Fabian

Lies die drei SMS-Antworten.
Welche schreibt Fabian?

Hallo Fabian!
Möchtest du
beim Familien-
Quiz mitmachen?
☺ Lisa

(A) Ich mache nicht gern Hausaufgaben.

(B) Super Idee! Ich spiele doch so gern.

(C) Hallo Lisa! Was machst du gerade?

→ AB 15

1 Ich möchte mitmachen

Familien-Quiz bei Tele 85

Wer möchte mitmachen? ♀+♀+♀+♀+♀ = 200

Wichtig! Für jede Person angeben!

   Beispiel:
<u>Name, Vorname</u>: Mustermann, Linus
<u>Alter</u>: 35 Jahre
<u>Teil der Familie</u>: Onkel
<u>Beruf</u>: Ingenieur
<u>Hobbys</u>: Musik hören, Klavier spielen

Schreib an:
Familien-Quiz@tele85.de oder Tele 85, 80364 München

1/67 **a** Lies die Internet-Seite und hör dann zu.

1/67 **b** Hör noch einmal zu. Schreib die Angaben
für Lisa in dein Heft.

1/68 **c** Hör zu und vergleiche zur Kontrolle.

→ AB 1

Name, Vorname: Hofmann, ???
Alter: ???
Teil der Familie: ???
Beruf: Schülerin
Hobbys: telefonieren, schreiben

2 Meine Familie möchte mitmachen

▲ Du, Papa, ich schreibe gerade an Tele 85.
Also: Du heißt Markus Hofmann .
Du bist 45 Jahre alt. Du bist mein Vater .
Dein Beruf?
■ Das weißt du doch. Ich bin Architekt.
▲ Klar. Und deine Hobbys sind ...
■ Ich arbeite gern im Garten. Und ...
▲ Und du liest sehr viel, oder?
■ Richtig, ich lese gern.
▲ Alles klar. Papa.

1/69 **a** Hör zu und lies mit.

b Schreib die Angaben für Lisas Vater auf.

Name, Vorname:
Alter:
Teil der Familie:
Beruf:
Hobbys:

→ AB 2-3

Berufe
Ingenieur
Architekt
Techniker
Künstler

3 Lisa telefoniert

1/70-72 **a** Lisa ruft Onkel Jan, Cousin Fabian und Oma Martha an.
Hör die Telefongespräche.

b Bildet drei Gruppen.
Gruppe 1 schreibt das Gespräch mit Onkel Jan.
Verändert den Dialog aus 2. Verwendet diese Angaben:

> Name, Vorname: König, Jan
> Alter: 51
> Teil der Familie: Onkel
> Beruf: Computertechniker
> Hobbys: Computer reparieren, Tennis spielen

■ Hallo, Onkel Jan, ich schreibe …

Gruppe 2 schreibt das Telefongespräch mit
Cousin Fabian König. Wechselt die Teile aus:

▲ Du bist 18 Jahre alt. Du bist mein Cousin.
◆ Mein Beruf? Ich bin Schüler.
  Ich lerne Italienisch. Und …
▲ Und du malst gern, oder?
◆ Richtig, ich male sehr gern.
  Ich möchte einmal Künstler werden.

Hobbys
telefonieren, schreiben,
lesen, im Garten arbeiten,
Italienisch lernen, malen

1/72 Gruppe 3 hört das Telefongespräch mit
Oma Martha und schreibt die Angaben auf.

1/70-72 **c** Hört die drei Telefongespräche dann
→ AB 2-3 noch einmal zur Kontrolle.

4 Das sind wir

Ⓐ Ⓑ Ⓒ Ⓓ Ⓔ

1/73 **a** Wer ist das? Schau die Bilder A–E an, hör zu und antworte.

b Schau die Bilder an und lies die Sätze. Ordne zu.

1. Sie telefoniert gern und schreibt viel.
2. Er lernt Italienisch und malt sehr gern.
3. Er spielt Tennis und repariert gern Computer.
4. Sie spielt Gitarre und hört gern Musik.
→ AB 4-6 5. Er arbeitet gern im Garten und liest sehr gern.

Verbformen mit *er/sie*
er/sie lernt   **er/sie -(e)t**
er/sie arbeitet
er/sie liest
er/sie repariert

5 Ratespiel: Was macht...?

▲ Was macht Paula?
◆ Sie malt.
▲ Nein
■ Sie schreibt.
▲ Nein.
◆ Sie liest.
▲ Richtig.

6 Im Fernsehstudio

1/74 **a** Hör zu. Such die Länder und Städte auf der Karte auf Seite 8.

1/74 **b** Hör noch einmal zu. Was passt zusammen?
Was ist das Lösungswort?

1. Woher kommt Familie Richter?   R   Aus Deutschland.
2. Wo wohnt Familie Richter?   C   Aus der Schweiz.
3. Woher kommt Familie Hofmann?   Z   Aus Österreich.
4. Wo wohnt Familie Hofmann?   I   In Deutschland, in München.
5. Woher kommt Familie Egli?   Ü   In Österreich, in Wien.
→ AB 7   6. Wo wohnt Familie Egli?   H   In der Schweiz, in ???

Informationen erfragen mit wo? und woher?

Woher kommt...?
Aus Deutschland./...
Aus der Schweiz.
Aus München./...

Wo wohnt...?
In Deutschland./...
In der Schweiz.
In Wien./...

Und du bist **Dabei!**

7 Ach, Lisa!

1/75   **Hör zu. Was macht Lisa falsch? Verbessere.**
→ AB 8

8 Das Quiz

a Kannst du die letzte Quiz-Frage beantworten?
Woher kommt Sebastian Vettel?

1/76 **b** Hör zu und kontrolliere.
→ AB 9-10   **Wer gewinnt?**

 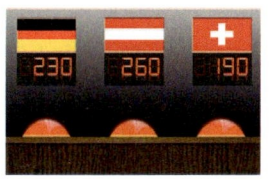

1 Comino verstehen

hcI eßieh onimoC. hcI emmok sua ainootraC.
hcI enhow ni ximoC.
hcI nib nhez erhaJ tla. hcI eleips nreg llabteksaB
dnu hci elam nreg.
dnU sad tsi eniem eilimaF:
nieM retaV tsi 64 erhaJ tla. rE tsi tketihcrA.
rE tetiebra leiv. rE thcam hcua tropS,
etaraK dnu sinneT.
enieM rettuM tsi nirerheL. eiS tleips hcua sinneT.
nieM redurB tßieh onamoC. rE tsi flöwz. rE tleips erratiG.
enieM retsewhcS animoC tsi nohcs nhezhces. eiS tseil nreg.
nieM nisuoC otopmoC tsi nhez erhaJ, os eiw hci.
rE tleips nreg llabßuF.
otopmoC tnhow ni nocimoC, niem leknO okimoC
dnu eniem etnaT akimoC hcua.
enieM nretleßorG dnis ni ainootraC. eiS dnis 07 erhaJ tla.
nieM apO omoC tnhow ni nieW. rE tröh nreg kisuM.
dnU ad dnis hcon etnaT amisoC dnu leknO omsoC dnu
eniem nenisuoC aroC dnu aniroC.

a **Verstehst du Cartoonisch? So fängt es an:**
Ich heiße Comino. Ich komme aus Cartoonia.
Alles klar? Lies den Text auf Deutsch.

b **Das sagt Comino: Was ist richtig? Was ist falsch?**

1. Ich wohne in Comix.
2. Ich spiele gern Tennis.
3. Mein Vater ist sechsundvierzig.
4. Comano ist mein Bruder.
5. Meine Schwester Comina ist zwölf Jahre alt.
6. Compoto liest gern.
7. Onkel Comiko wohnt in Comicon, Tante Comika nicht.
8. Opa Como hört gern Musik.
9. Cosima, Cosmo, Cora und Corina sind meine Cousinen.

c **Wie sieht Cominos Familie aus? Macht ein Plakat.**
Schneidet Personen aus Zeitschriften aus und
setzt sie neu zusammen. Schreibt die Namen dazu.

Comino   Tante

2 Portfolio: Meine Familie

Wie ist deine Familie? Schreib Sätze wie in 1.
Du kannst auch Fotos aufkleben.
Leg das Blatt in dein Portfolio.

Ich heiße … / komme aus … / wohne in …
Ich bin … Jahre alt. Ich … gern …
Und das ist meine Familie: Mein/Meine …

3 Lesen: Papa, ich und Rockmusik?

▲ Du, Papa, ich möchte ins Rockkonzert gehen.
■ Aha. Wer spielt denn?
▲ AC/DC.
■ Was? AC/DC? Da komme ich mit!
▲ Du??? Nein, bitte nicht. Du bist doch ...
■ ... zu alt, meinst du? Ich kenne AC/DC schon 25 Jahre.
▲ Ich weiß, aber ...
■ AC/DC ist super. Seit 25 Jahren bin ich ein Fan.
▲ Ja schon, aber ... wie sieht das denn aus,
wenn ich mit Papa komme?
■ Na und? Wo ist denn das Konzert?

Ⓐ

Ⓑ

▲ In der Olympia-Halle.
■ Und wann?
▲ Am 14. Oktober, 21 Uhr.
■ Um 21 Uhr! So spät! Und wie alt bist du?
▲ Dreizehn. Ich weiß, es ist sehr spät.
Aber Tobias geht auch. Und Sara auch.
■ Und du möchtest auch hingehen.
Also, Lisa, ich komme mit.
▲ Nein, bitte nicht.

● Was ist denn hier los?
▲ Hallo, Oma.
■ Lisa möchte ins Rockkonzert gehen.
● Na und?
■ Um 21 Uhr. Da kann sie doch nicht allein hingehen.
▲ Papa möchte mitkommen. Und ich möchte das nicht.
● Wer kommt denn?
▲ AC/DC.
● Was? AC/DC? Toll. Ich bin ein Fan.
▲ Wirklich? Da habe ich eine Idee.
Oma, möchtest du mitkommen?
● Ich?
▲ Ja du. Du und ich im Rockkonzert!
Und alle sagen „Deine Oma ist super!"

Ⓒ

a Lies den Titel. Worum geht es?

b Du verstehst sicher nicht jedes Wort. Aber das macht nichts.
Das verstehst du bestimmt: Papa möchte mit ins Rockkonzert.
Wie findet Lisa das?

c Kommt Oma Martha mit? Was glaubst du?

d Welche Musikgruppen magst du?

Kommunikation

sich verabreden	Kommst du? – Ich komme sofort. ▪ Ich bin gleich da./ Ich bin gleich fertig.
jemanden vorstellen	Wer ist das? – Das ist .../Das sind ... ▪ Er/Sie heißt ... ▪ Er/Sie ist ... Jahre alt. ▪ Er/Sie ist Schüler/Schülerin.
sagen, was man (nicht) gern macht	Ich möchte (nicht) mitmachen. ▪ Ich spiele (nicht so) gern.
sich verabschieden	Auf Wiedersehen! ▪ Tschüss! ▪ Gute Nacht!
Informationen erfragen mit wo? *und* woher?	Woher kommt ...? – Aus Deutschland./Österreich./Aus der Schweiz. – Aus München./... Wo wohnt ...? – In Deutschland./Österreich./In der Schweiz. – In München./...

Grammatik

1 Verb

Verbformen von sein			*Verbformen im Singular*					
Singular	Plural			malen	schreiben	telefonieren	heißen	arbeiten	lesen
ich **bin**		ich		mal**e**	schreib**e**	telefonier**e**	heiß**e**	arbeit**e**	les**e**
du **bist**		du		mal**st**	schreib**st**	telefonier**st**	heiß**t**	arbeit**est**	**liest**
er/sie **ist**	sie **sind**	er/sie		mal**t**	schreib**t**	telefonier**t**	heiß**t**	arbeit**et**	**liest**

2 Possessivartikel *mein/meine, dein/deine*

maskulin	*feminin*	*Plural*
mein Vater	meine Mutter	meine Eltern
dein Opa	deine Oma	deine Großeltern

3 Negation *nicht*

Möchtest du mitmachen?   Ich weiß **nicht**.
Ich spiele **nicht** so gern.
Ich möchte **nicht** mitmachen.

	Montag	Dienstag	Mittwoch	Donnerstag	Freitag	Samstag	Sonntag
1.	Englisch	Mathematik	Französisch	Mathe	Physik	frei	frei
2.	Französisch	Französisch	Englisch	Deutsch	Englisch		
3.	Deutsch	Geografie	Physik	Musik	Mathe		
4.	Deutsch	Geschichte	Mathe	Geografie	Deutsch		
5.	Informatik	Kunst	Sport	Französisch	Biologie		
6.	Religion/ Ethik	Kunst	Sport				

Schau die Bilder und Texte an.
Was verstehst du? Worum geht es?
Sprich in deiner Sprache.

Geschichte: Maria und die neue Schule

Schule

Das lernst du:

- einen Stundenplan lesen
- einen Vorschlag machen und ablehnen

- Schulfächer
- Wochentage
- Ordinalzahlen von 1. bis 6.
- Aktivitäten in der Schule
- Schulsachen

- Verbformen von *haben*
- Verbformen im Plural
- unbestimmter Artikel *ein/eine*
- Personalpronomen
- Negativartikel *kein/keine*
- Modalverb *möcht-*

1 Maria hat Angst

2/02 **a** Hör zu und schau das Bild an. Worum geht es? Sprich in deiner Sprache.

2/02 **b** Hör noch einmal zu. Wovor hat Maria Angst?

Maria hat Angst [a] vor Mama. [b] vor Papa. [c] vor der Schule.

Und du bist Dabei!

2 Ein Albtraum

2/03 **a** Hör zu und schau die Bilder an.

2/03 **b** Hör noch einmal zu. Zeig die Schulfächer auf den Bildern mit.

→ AB 1-3

3 Viele Fächer

1. Deutsch
2. Englisch
3. Französisch
4. Informatik
5. Mathematik
6. Biologie
7. Physik
8. Chemie
9. Geschichte
10. Geografie
11. Religion/Ethik
12. Sozialkunde/Politik
13. Sport
14. Kunst
15. Musik

Schulfächer
Deutsch
Mathematik
Sport
…

TIPP
Sprich neue Wörter beim Lernen laut.

2/04 **a** Hör zu und lies die Wörter mit.

2/05 **b** Hör zu, zeig auf den Bildern in 2 mit und sprich nach.

c Lies die Wörter. Ordne die Schulfächer den Bildern in 2 zu.

→ AB 1-3

4 Laute und Buchstaben: ö

2/06 **a** Hör zu und sprich nach.

2/07 **b** Hör zu. Was ist falsch? 1, 2, 3, 4 oder 5?

2/08 **c** Lies laut. Hör zu. Richtig? Wiederhole.

Jörg ist zwölf. Er kommt aus Österreich und wohnt jetzt in Köln. ▪
Oma und Opa sind noch in Österreich. Das ist blöd. ▪
→ AB 4   Jörg hört gern Rock und Pop. Er lernt Französisch.

So sprichst du das ö richtig:
Mach die Lippen rund wie beim o. Sprich ein [e].

5 Stundenplan

	Montag	Dienstag	Mittwoch	Donnerstag	Freitag	Samstag	Sonntag
1.	Englisch	Mathe	Französisch	Mathe	Physik	frei ☺	frei ☺
2.	Französisch	Französisch	Englisch	Deutsch	Englisch		
3.	Deutsch	Geografie	Physik	Musik	Mathe		
4.	Deutsch	Geschichte	Mathe	Geografie	Deutsch		
5.	Informatik	Kunst	Sport	Französisch	Biologie		
6.	Religion/ Ethik	Kunst	Sport	Religion/ Ethik	Informatik		

● Hallo, Timo! Guten Morgen!
■ Guten Morgen.
● He, was ist denn los?
■ Ach, so ein Tag heute!
● Warum denn?
■ Na hör mal! In der ersten Stunde Mathe! In der zweiten Französisch, in der dritten Geografie, in der vierten Geschichte und in der fünften und sechsten Stunde auch noch Kunst!
● Ach, komm, das ist doch nicht so schlimm. Kunst ist mein Lieblingsfach.
■ Du hast gut reden, Sofia.

Wochentage
Montag
Dienstag
Mittwoch
Donnerstag
Freitag
Samstag
Sonntag

2/09 **a** Hör zu, lies die Wochentage auf dem Stundenplan mit und sprich nach.

2/10 **b** Hör zu und lies den Dialog mit. Schau auf den Stundenplan. Welcher Tag ist heute?

c Macht Dialoge mit anderen Wochentagen.

→ AB 5

6 Viele Fragen

2/11-13 **a** Lies den Stundenplan in **5**, hör die Fragen und antworte.
1. Was hat die Klasse am ... ?
2. Was für ein Tag ist das?
3. Wann hat die Klasse das?

b Mach Fragen für deinen Partner.

→ AB 6-7

Ordinalzahlen von 1. bis 6.		
in der	ersten zweiten dritten vierten fünften sechsten	Stunde

7 Mein Wunschstundenplan

**Schreib deinen Wunschstundenplan
und sprich mit deinem Partner darüber.**

> Wann hast du Mathe?

> Gar nicht. Ich mag Mathe nicht.

> Wie viele Stunden Sport hast du?

> Ich habe zehn Stunden Sport.

> Was hast du am Montag?

> In der ersten Stunde ...

→ AB 6-7

einen Stundenplan lesen
- ◆ Wann hast du Mathe?
- ● Am Montag in der ersten Stunde.
- ◆ Was hast du am Montag?
- ◆ Am Montag habe ich zwei Stunden Sport.

Verbformen von *haben*

ich	hab**e**
du	**hast**
er/sie	**hat**

8 Partner-Suchspiel: Was hast du?

> Montag, 2. Stunde Musik

> Montag, 2. Stunde Musik

> Freitag, 3. Stunde Deutsch

> Freitag, 3. Stunde Deutsch

a Schreibt immer zwei gleiche Zettel.

b So geht das Spiel. Schau im Magazin auf Seite 68 nach.

→ AB 8-9

9 Schülerforum

● ● ●

1. Hast du Probleme mit Mathe? Keine Angst! Mathe ist gar nicht so schwer. Tiger

2. Ich habe solche Probleme in Englisch. Was mache ich denn nur? Fiffi

3. Ich habe fünf Stunden Mathe. So viel! Wer hat noch mehr? Ella

4. Fahr doch mal in den Ferien nach England und mach einen Sprachkurs. Rocky

5. Ich habe nur vier Stunden. Schade! Waldi

6. Du hast gut reden! Du bist bestimmt sehr gut in Mathe. Jacky

→ AB 8-9 Lies die Texte. Welche Texte gehören zusammen?

10 Laute und Buchstaben: sch – sp – st

2/14 **a** Hör zu, lies mit und sprich nach.

Deutsch ▪ Englisch ▪ Französisch ▪ Geschichte ▪ schreiben ▪
Schweiz ▪ Schule ▪ Schüler ▪ Schwester ▪ falsch ▪ Tschüss

2/15 **b** Lies laut. Hör zu. Richtig? Wiederhole.

→ AB 10 Sport ▪ spielen ▪ sprechen ▪ Stunde ▪ Stundenplan ▪ stopp

> sch-
> sch-
> sch-

So sprichst du das sch richtig:
Mach wie eine alte Lokomotive.

Du schreibst sp- und st- am Anfang.
Du sprichst [schp] und [scht].

1 Die Neue kommt

1 Es ist Donnerstag. Gleich beginnt der Unterricht. Alle Schüler sind schon da. Da kommt ein Mädchen und fragt: „Ist hier Klasse 7 b?" „Ja", sagt Timo. „Und wer bist
5 du? Bist du neu hier?" „Ja, ich heiße Maria", antwortet das Mädchen. „Ich bin Timo. Und das sind Steffi und Sofia", stellt Timo seine Freunde vor. „Komm, wir haben hier noch Platz." „Danke", sagt Maria.
2 10 „Sag mal, wie viele Schüler seid ihr denn?", fragt Maria. „Warte mal", antwortet Timo, „wir sind elf Jungen und vierzehn Mädchen, äh jetzt fünfzehn." „Aha!", sagt Maria, „Was haben wir denn jetzt?"
15 „Physik", meint Steffi. „Quatsch!", sagt Sofia. „Wir haben jetzt Mathe."
3 Da kommt auch schon Herr Wegner. „Guten Morgen", sagt er. Und alle Schüler antworten: „Guten Morgen, Herr Wegner."
20 „Herr Wegner", meldet sich Sofia, „wir haben eine neue Schülerin." „Hallo", sagt Herr Wegner und geht zu Maria. „Ich

bin Robert Wegner, dein Klassenlehrer. Und wie heißt du?" „Maria Gonzales",
25 antwortet Maria. „Herzlich willkommen, Maria", sagt Herr Wegner.
4 „Gut", sagt Herr Wegner, „wir machen jetzt Unterricht." Maria flüstert: „Was habt ihr gerade in Mathe?" „Pst", sagt Sofia leise.
30 „Hört ihr bitte?", sagt Herr Wegner. „Hier sind drei Aufgaben. Ihr macht die Aufgaben allein. Wir kontrollieren nachher zusammen. Alles klar?" Timo meldet sich: „Herr Wegner, Maria und ich, wir arbeiten
35 zusammen, ja?" „Ist gut", sagt Herr Wegner, „ihr arbeitet zusammen, die anderen aber allein. Also los!"

a Lies die Geschichte in Abschnitten. Ordne die passenden Titel zu.

A. Die Mathematikstunde
B. Wer ist das denn?
C. So ist Klasse 7b.
→ AB 1-2 D. Herr Wegner kommt.

b Beantworte die Fragen:

1. Wie heißt die Neue?
2. Wie viele Schüler sind in Klasse 7b?
3. Was unterrichtet Herr Wegner?
4. Wer arbeitet zusammen?

2 Film „Die Neue kommt"

a Schreibt in vier Gruppen das Drehbuch für den Film „Die Neue kommt". Gruppe 1 schreibt Abschnitt 1, Gruppe 2 schreibt Abschnitt 2 usw.

> Maria: Ist hier Klasse 7b?
> Timo: Ja. Und wer bist du? Bist du …?

2/16-19 **b** Lest die Szenen vor. Hört sie zur Kontrolle.
Zu schwer? Dann hört die Szenen und sprecht nach.

c Spielt die Szenen. Ihr könnt auch einen Film machen.

→ AB 1-2

3 Ratespiel: Was machen wir gern?

a Zwei Spieler schreiben zusammen auf, was sie gern machen.

Wir malen gern.

b So geht das Spiel: Zwei Spieler fragen, die anderen raten.

Was machen wir gern?

Ihr hört gern Musik.

Ihr lest gern.

Ihr malt gern.

Richtig. Ihr seid dran.

→ AB 3-4

Verbformen mit *wir* und *ihr* (Plural)

wir haben	wir -en
wir machen	
wir arbeiten	
ihr habt	ihr -t
ihr macht	
ihr arbeitet	ihr -et

! wir sind
ihr seid

4 Lied: Was habt ihr denn heute?

1 Was habt ihr denn heute?
Was macht ihr denn so?
Wir sprechen und lesen,
wir spielen und schreiben
und sagen „Bonjour, salut"
Wie bitte?
Wir sprechen und …
Ihr habt heute Deutsch,
wie wunderbar.
Quatsch, wir haben Französisch.
Das ist doch klar.

2 Was habt ihr denn …
Wir sprechen und …
und sagen „Good morning, hello."
Wie bitte?
Wir sprechen und …
Ihr habt heute Französisch, wunderbar.
Quatsch, wir haben …

3 Was habt ihr denn …?
Wir malen und zeichnen.
Wir zeichnen und malen.
Wir zeichnen und malen ein Bild.
Ihr habt heute Sport, wie wunderbar.
Quatsch, …

4 Was habt ihr denn …
Wir turnen und spielen,
wir laufen und turnen,
wir turnen und spielen Volleyball.
Ihr habt heute Musik, wie wunderbar.
Quatsch, …

5 Was habt ihr denn …?
Wir arbeiten mit Zahlen.
Wir rechnen und zeichnen,
Wir machen auch Geometrie.

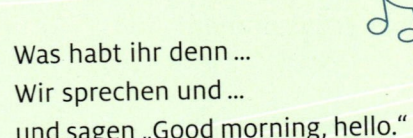

2/20 **a** Hör zu und lies mit.

2/20 **b** Hör noch einmal zu, lies mit und sing mit.

c Mach eine Strophe für Deutsch. Wie Strophe 1 und 2, aber mit „Hallo, guten Tag".

2/21 **d** Denk dir mit deiner Partnerin/deinem Partner eine neue Strophe aus. Karaoke: Singt dann zum Playback.

→ AB 3-4

Aktivitäten in der Schule
sprechen, lesen, schreiben, malen, zeichnen, turnen, laufen, rechnen, spielen

5 Wir haben Französisch

2/22 **a** Hör zu. Lies die Sätze. Was ist richtig? Was ist falsch?

1. Die Schüler haben in der zweiten Stunde Englisch.
2. Timo sagt immer „Yes, Sir".
3. Alle lachen.
4. Die Schüler lesen, sprechen und schreiben.
5. Sie spielen nicht gern.
6. Sie finden Herrn Bachmann nett.

b Schreib die Sätze richtig in dein Heft.

c Stellt Fragen mit Wann? Wer? Was? Wie? und antwortet.

▲ Wann haben die Schüler Französisch?   ● In der zweiten …

▲ Wer lacht?   ● Alle …

→ AB 5-6   ▲ Was haben … ?   ● …

Verbformen mit *sie* (Plural)	
sie **haben**	**sie -en**
sie **lachen**	
sie **lesen**	
sie **sprechen**	
! sie **sind**	

6 Am schwarzen Brett

Wir spielen am Donnerstag gegen die 5b und 5c Fußball.

Ort: Sportplatz
Zeit: drei Uhr
Hoffentlich kommt ihr.
Eure 5a und 5d

A

Hilfe!

Wir haben Probleme in Physik. Wer hilft?

Luisa und Meike Klasse 7a

B

Wer hat Angst vor der nächsten Mathearbeit? Zwei Mathe-Genies helfen gern.
Jonas und Lena 6b

C

Ich bin gar nicht gut in Mathe. Vielleicht frage ich die zwei. ①

Ich gehe sicher hin und alle meine Freunde auch. ②

Die zwei brauchen Hilfe. Ich bin doch ziemlich gut, oder? Schließlich ist das mein Lieblingsfach. ③

a Wer liest welche Anzeige? Was passt zusammen?

b Ergänze die Sätze.

1. Die Klassen 5a und 5b **???** am Donnerstag Fußball.
2. Luisa und Meike **???** Probleme in **???**
→ AB 5-6   3. Jonas und Lena **???** gut in **???**

1 In der dritten Stunde

a   Schau das Bild an. Was haben die Schüler in der dritten Stunde?

2/23   **b**   Hör Szene 1 und beantworte die Fragen.

     1. Wer kommt in die Klasse?
     2. Was sagt die Klasse?
     3. Woher kommt Maria?
     4. Wie ist Frau Bertrams Vorname?

2/24   **c**   Hör weiter und zeig auf den Bildern in 2 mit.

2 Schulsachen

	A	B	C	D
	ein (mein, dein)	*ein (mein, dein)*	*eine (meine, deine)*	*– (meine, deine)*
1	Bleistift	Heft	Tasche	Farbstifte
2	Füller	Buch	Schere	Filzstifte
3	Kuli	Lineal	Tafel	Sportsachen
4	Radiergummi	Blatt		Turnschuhe
5	Block	Mäppchen		
6	Rucksack			

2/25   **a**   Hör zu und lies mit.

2/26   **b**   Hör zu, schau die Schulsachen an und antworte.

Bleistift

Tafel

A1

C3

2/27   **c**   Hör zu, zeig mit und sprich nach.

→ AB 1-3

Schulsachen
Bleistift, Füller
Heft, Buch
Tasche, Schere
Filzstifte, Sportsachen

TIPP
Lern immer nur fünf bis sieben Wörter auf einmal. Wiederhole regelmäßig.

3 Rhythmus und Rap

Bleistift –
Füller – Kuli –
Block. Blatt

2/28 **a** Hör zu. Achte auf die Betonung,
sprich genau nach und klatsch mit.

2/29 **b** So sieht die Betonung aus. Schreib die Liste in dein Heft.
Nun hör zu und schreib die Wörter an die richtige Stelle.

● = Block, Heft, …
●• = Bleistift, Kuli, …
●•• = Farbstifte, Turnschuhe, …
••● = Lineal
•●•• = Radiergummi

2/30 **c** Hör die Musik und klatsch mit.

2/31 **d** Welche Wörter passen in den Rap-Rhythmus? Schreib deinen Rap.
Hör dann zu und vergleiche.
Zu schwer? Dann hör das Beispiel.

2/31 **e** Hör den Rap noch einmal und sing mit.

→ AB 1-3

4 Timo ist nett.

■ Hier ist ein Heft.
▲ Das ist doch dein Heft.
■ Das ist mein Heft. Na und?
Jetzt ist das dein Heft.
Es ist ganz neu.
▲ Danke. Du bist nett.

2/32 **a** Hör zu und lies mit.

b Macht weitere Dialoge mit:

ein/mein/dein	Block/Bleistift/Füller/Kuli	→ er
ein/mein/dein	Lineal/Blatt	→ es
eine/meine/deine	Schere	→ sie
–/meine/deine	Farbstifte/Filzstifte	→ sie

→ AB 4-7

unbestimmter Artikel *ein/eine* und Personalpronomen		
	ein Rucksack.	→ er
Das ist	ein Heft.	→ es
	eine Schere.	→ sie
Das sind	Farbstifte.	→ sie

5 Kimspiel: Was ist das?

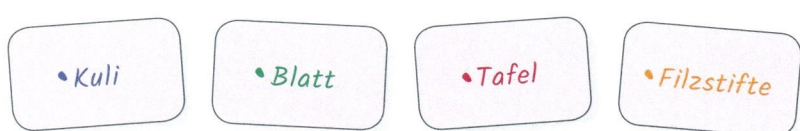

•Kuli   •Blatt   •Tafel   •Filzstifte

a Schreibt die Wörter aus 2 in Artikelfarben auf Karten.

b So geht das Spiel. Sieh im Magazin auf Seite 69 nach.

→ AB 4-7

6 SMS in der Pause

Hallo Mama. In der vierten Stunde haben wir Geschichte. **D**	Na und? Ein Heft ist doch kein Problem. **N**

Ihr habt Geschichte, wie schön. **I**

Ach Timo, deine Hausaufgabe! Und wieder Geschichte! **T**

Kein Problem? Meine Hausaufgabe ist da drin. **S**

Tut mir leid. Ich habe keine Zeit. **G**

Gar nicht schön. Mein Heft ist zu Hause. **E**

Ich weiß, wieder Geschichte. Bringst du mir vielleicht mein Heft? **A**

→ AB 8-9 **Ordne die SMS-Kette. Was ist das Lösungswort?**

7 In Geschichte

- ● Wo ist dein Füller?
- ▲ Hier.
- ● Das ist kein Füller. Das ist ein Kuli.
- ▲ Tut mir leid.
- ● Immer das Gleiche. Schon wieder kein Füller.
- ■ Herr Weiß, das ist Maria. Sie ist neu hier.
- ● Ach ja? Ach so, Entschuldigung.

Negativartikel kein/keine

	kein Rucksack.
Das ist	kein Heft.
	keine Schere.
Das sind	keine Farbstifte.

2/33 **a** **Hör zu und lies mit.**

b **Macht weitere Dialoge mit.**

Bleistift ↔ Farbstift   Heft ↔ Blatt   Farbstifte ↔ Filzstifte
Hausaufgabe
(Hier geht der Dialog anders:
→ AB 8-9   Lass die Sätze 2 und 3 weg.)

8 Im Kunstunterricht

Vergleiche. In Bild B fehlen vier Sachen.
→ AB 8-9   ◆ In Bild B ist/sind kein/keine ...

9 Möchtest du mitkommen?

● Maria, wir möchten heute Tennis spielen .

▲ Aha?

● Möchtest du mitkommen ? Hast du Lust?

▲ Das ist nett, aber ich habe keine Lust.
Ich möchte nur noch nach Hause gehen,
Hausaufgaben machen und schlafen.

● Sie möchte schlafen. Das verstehe ich.

● Ach, Steffi! Maria ist müde. Der erste Tag ...

● Ja klar.

2/34 **a** Hör zu und lies mit.

b Macht auch Dialoge mit:

Volleyball spielen   zusammen Hausaufgaben machen

mitspielen   kommen

→ AB 10 lesen   essen

→ AB 10

---

einen Vorschlag machen
und ablehnen

● Möchtest du mitkommen?
Hast du Lust?

▲ Das ist nett, aber ich habe
keine Lust.

Modalverb *möcht-*

ich	möchte
du	möchtest
er/sie	möchte
wir	möchten
ihr	möchtet
sie	möchten

möcht- + Infinitiv
Ich möchte Tennis spielen.

---

10 E-Mail aus Stuttgart

```
Von: Tanja   An: Maria
Betreff: Wie geht's?

Liebe Maria,
wie geht es Dir denn in Frankfurt? Hier in Stuttgart ist alles wie immer. Herr
Schmidt – Du weißt schon, Physik! – er ??? (1) am Freitag eine Klassenarbeit
??? (2).Oje! Ich ??? (3) doch am Donnerstag zu Florians Party ??? (4). Na ja,
mal sehen. ??? (5) Du ??? (6)? Ach so, das geht ja nicht. Schade!
Wie ist es denn in Frankfurt? Wie ist Deine Klasse? Wie sind Deine Lehrer?
Wie ist Dein Stundenplan? Schreib mir bald.
Deine Tanja
```

Schreib die E-Mail. Setz ein:

→ AB 11-12 ??? = möchte ▪ möchtest   ??? = gehen ▪ kommen ▪ schreiben

→ AB 11-12

11 Antwort aus Frankfurt

Schreib Marias Antwort.

Liebe Tanja,
Frankfurt ist ??? Die Schule ist ??? Die Klasse ist ???
Wir sind ??? Mädchen und ??? Jungen.
Herr/Frau ??? unterrichtet ???. Alle Lehrer und Schüler ??? sehr nett.
→ AB 11-12 *Wir haben ??? Stunden ??? und ???*

→ AB 11-12

1 Lesen: Schule in Deutschland

A

B

C

1 Hallo, ich bin Leon. Ich bin zwölf Jahre alt und gehe in die siebte Klasse. Ich habe eine Schwester. Sie heißt Maja. Sie ist erst acht und geht in die dritte Klasse Grundschule.

2 Ich bin Timos Cousin. Timo ist zwölf, genau wie ich. Er hat aber keine Geschwister. Timo und ich sind oft zusammen. Wir spielen Fußball oder machen Computerspiele. Hausaufgaben können wir aber nicht zusammen machen. Timo geht auch in die siebte Klasse, aber aufs Gymnasium.

3 Timo ist sehr gut in der Schule. Er ist gut in Sprachen, Englisch und Französisch. Zum Glück habe ich kein Französisch. Ich bin schon in Englisch nicht so gut. Aber Mathe und Informatik machen mir Spaß. Ich möchte einmal Computertechniker werden. Timo ist super in Mathe, Physik und Informatik. Er möchte einmal auf die Universität gehen und Mathematik oder Atomphysik studieren. Timo ist eben ein Genie!

a Lies den Text und schau die Fotos an.
Finde einen Titel.

b In Deutschland gibt es sechs Noten.
Lies den Text noch einmal. Was ist richtig?

1. Leon hat in Englisch
    ☐a eine Eins.   ☐b eine Vier.   ☐c eine Sechs.
2. Timo hat in Französisch
    ☐a eine Zwei.   ☐b eine Drei.   ☐c eine Fünf.
3. Timo hat in Mathematik
    ☐a eine Eins.   ☐b eine Drei.   ☐c eine Fünf.

c Wie sind die Noten bei euch?
Sprich in deiner Sprache.

d Lies den Text noch einmal. In welche Klasse
und in welche Schule gehen die Schüler?
Ergänze die Sätze. Hör dann zur Kontrolle.

2/35

Maja geht in die ??? Klasse ??? .
Timo geht in die siebte Klasse ??? .
Leon geht in die ??? .

Schulnoten in Deutschland

1 👍🙂 sehr gut

2 🙂 gut

3 🙂 befriedigend
= Es geht.

4 🙁 ausreichend
= Es geht gerade noch.

5 🙁 mangelhaft
= schlecht

6 👎🙁 ungenügend
= sehr schlecht

2 Projekt: Stundenplan

Zeit Stunde	Montag	Dienstag	Mittwoch	Donnerstag	Freitag
1.	Informatik	Englisch	Sozialkunde/ Politik	Biologie	Kunst
2.	Deutsch	Englisch	Geschichte	Mathe	Geografie
3.	Sport	Mathe	Französisch	Deutsch	Mathe
4.	Sport	Geografie	Physik	Geschichte	Physik
5.	Französisch	Deutsch	Biologie	Englisch	Deutsch
6.	Musik	Deutsch	Geografie	Chemie	frei ☺

Ich mag Deutsch gern.

Wir haben zwei Stunden Sport. Oje!

Ich finde Mathe doof.

Kunst ist mein Lieblingsfach.

a Schreibt einen Klassenstundenplan gemeinsam auf ein Plakat.

b Schreibt Zettel und klebt sie auf das Plakat.

3 Wir sprechen miteinander: Thema „Schule"

a Schreibt in jeder Gruppe drei Karten zum Thema „Schule".

> Schule
> Schulsachen

> Schule
> Schulfächer

> Schule
> Stundenplan

b Nehmt eine Karte, fragt und antwortet.

4 Schau den Film *Das ist kein König* zu Modul 3 an und lös die Aufgaben auf Seite 79.

Film
Modul 3

Kommunikation

einen Stundenplan lesen	Wann hast du Mathe? – Am Montag/Dienstag/… in der ersten/zweiten/dritten/vierten/fünften/sechsten Stunde. Was hast du am Montag? – Am Montag habe ich zwei Stunden Deutsch/Mathe/Sport/…
einen Vorschlag machen und ablehnen	Wir möchten heute Tennis spielen. Möchtest du mitkommen? Hast du Lust? (Das ist nett, aber …) Ich habe keine Lust. Ich möchte (nur noch) …

Grammatik

1 Verb

Verbformen von haben			
Singular		Plural	
ich	habe	wir	haben
du	hast	ihr	habt
er/es/sie	hat	sie	haben

Verbformen im Plural						
	machen	lesen	sprechen	essen	schlafen	sein
wir	machen	lesen	sprechen	essen	schlafen	sind
ihr	macht	lest	sprecht	esst	schlaft	seid
sie	machen	lesen	sprechen	essen	schlafen	sind

Modalverb möcht-			
ich	möchte	wir	möchten
du	möchtest	ihr	möchtet
er/es/sie	möchte	sie	möchten

möcht- + *Infinitiv*			
Ich	**möchte**	Tennis	**spielen.**
Wann	**möchtest**	du Tennis	**spielen?**
	Möchtest	du Tennis	**spielen?**

2 Unbestimmter Artikel und Negativartikel im Nominativ

	maskulin		*neutral*		*feminin*		*Plural*		
Hier ist …	ein		ein		eine		Hier sind …	---	
	mein	Kuli.	mein	Heft.	meine	Tasche.		meine	Turnschuhe.
	dein		dein		deine			deine	
	kein		kein		keine			keine	

3 Personalpronomen im Nominativ

maskulin	Das ist ein Bleistift,	→	**er** ist neu.
neutral	Das ist ein Heft,	→	**es** ist neu.
feminin	Das ist eine Tasche,	→	**sie** ist neu.
Plural	Das sind Turnschuhe,	→	**sie** sind neu.

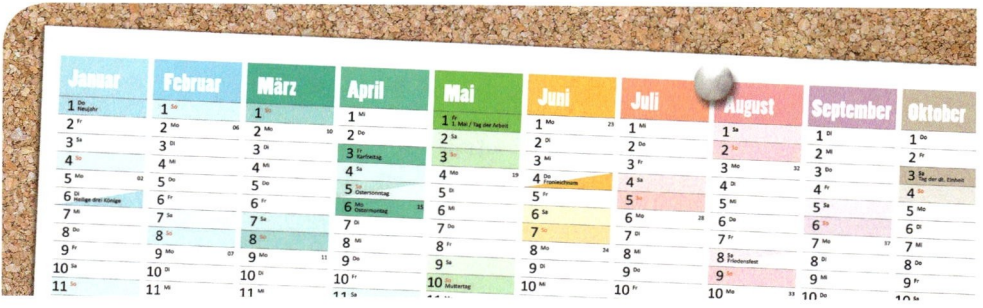

Schau die Bilder und Texte an.
Was verstehst du? Worum geht es?
Sprich in deiner Muttersprache.

Geschichte: Otto und Leo

Ausflug

Das lernst du:

- das Datum erfragen
  und nennen
- einen bestimmten Tag
  erfragen und nennen
- nach der Uhrzeit fragen
- einen Weg beschreiben
- sich entschuldigen

- Feste und besondere Tage
- Monate
- Ordinalzahlen von 1. bis 31.
- Uhrzeit
- Natur und Umgebung
- Farben
- Essen

- Modalverb *dürfen*
- bestimmter Artikel im
  Nominativ und Akkusativ
- Imperativ im Singular
  und Plural
- Verbformen im Singular
  und Plural

1 Besondere Tage

| Weihnachten | Ostern | Ferien | Silvester | Karneval |

| Schülerdisco | Ausflug | Sportfest | Theater | Geburtstag |

a Was gibt es auch bei euch? Sprich in deiner Sprache.

2/36 **b** Hör zu, zeig mit und sprich nach.

→ AB 1

2 Am 15. Februar: Das zweite Halbjahr beginnt

2/37-41 **a** Hör zu und zeig auf den Bildern in 1 mit.

b Schreib die Wörter auf Karten.

2/37-41 **c** Hör noch einmal zu. Hörst du ein Wort?
→ AB 1   Halt die Karte hoch.

3 Kalender

2/42   Hör zu, zeig mit und sprich nach.

→ AB 2

4 Feste im Jahr

2/43 **a** Hör zu und ergänze die Sätze.

2/44-48 **b** Hör die Szenen. Was ist das?

→ AB 3

5 Was für ein Tag ist heute?

	Tag		Monat	Jahr
der	1.	erste	Januar	20 ... zweitausend ...
	2.	zweite	Februar	
	3.	dritte	März	
	4.	vierte	April	
	5.	fünfte	Mai	
	6.	sechste	Juni	
	7.	siebte	Juli	
	8.	achte	August	
	...			
	19.	neunzehnte	September	
	20.	zwanzigste	Oktober	
	...			
	30.	dreißigste	November	
	31.	einunddreißigste	Dezember	

Was für ein Tag ist heute?

Der siebte Juli.

2/49 Hör zu, lies mit und sprich nach.

→ AB 4

6 Wann?

Wann ist das? Schau in 3 nach. Ordne zu.

1. Wann ist Weihnachten? — a Am dreißigsten März.
2. Wann ist Silvester? — b Am siebzehnten April.
3. Wann hat Leo Geburtstag? — c Am fünfundzwanzigsten Dezember.
→ AB 5 4. Wann ist Ostern? — d Am einunddreißigsten Dezember.

7 Unser Geburtstagskalender

a Fragt in der Klasse:

Wann hast du Geburtstag?

Wann hat ... Geburtstag?

Am ...

b Schreibt das Datum ein.

→ AB 6

Sidebar

Feste und besondere Tage
Karneval, Ostern,
Weihnachten, Silvester ...

Monate

Januar	Juli
Februar	August
März	September
April	Oktober
Mai	November
Juni	Dezember

Ordinalzahlen von 1. bis 31.

1. – 19.:	der **erste**
-te	der zwei**te**
	der dri**tte**
	...
	der sieb**te**
	...
	der neunzehn**te**
20. – 31.:	der zwanzig**ste**
-ste	...
	der dreißig**ste**
	...

das Datum erfragen und nennen
▲ Was für ein Tag ist heute?
● **Der** siebte Juli.

einen bestimmten Tag erfragen und nennen
▲ Wann ist ... /
 Wann hast du ... ?
● **Am** zwei**ten** Juli.

Geburtstagskalender

...i	Juli	August	...
	1	1	1
	2	2	2
	3	3	3
	4	4 *Heiko*	4
	5	5	5
	6	6	6
	7 *Lina*	7	7
	8	8	8
	9	9	9
	10	10	1
	11	11	1
	12	12	1

8 Am 4. Mai: Unser Ausflug (Teil 1)

2/50 **a** Hör zu und schau das Bild an. Was erklärt die Lehrerin?
Sprich in deiner Sprache.

b Lies den Text an der Tafel und such die
passenden Uhrzeiten. Eine Uhrzeit passt nicht.
Was ist das Lösungswort?

1 Abfahrt	8.00 Uhr
2 Ankunft in Neustadt	9.15 Uhr
3 Wanderung ab	9.30 Uhr
4 Ankunft in Altdorf	10.45 Uhr
5 Pause	bis 13.00 Uhr
6 Abfahrt	13.10 Uhr
7 Ankunft an der Schule	14.40 Uhr

Viertel vor elf (A)

acht (Uhr) (A)

zehn vor eins (N)

ein Uhr (H)

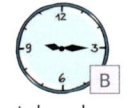
Viertel nach neun (B)

zwanzig vor drei (T)

halb zehn (F)

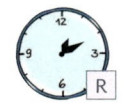
zehn nach eins (R)

2/50 **c** Hör noch einmal zu und zeig die Uhrzeiten mit.

2/51 **d** Das hat Otto verstanden. Hör zu. Was ist richtig? Was ist falsch?

→ AB 7-9

9 Wie spät ist es?

2/52 Hör zu, zeig auf den Uhren in 8 mit
→ AB 7-9 und sprich nach.

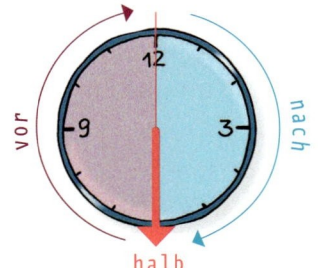

vor 12 **nach** 9 3 **halb**

Uhrzeit	
acht Uhr	8.00 Uhr
halb zehn	9.30 Uhr
Viertel vor zehn	9.45 Uhr
Viertel nach zehn	10.15 Uhr
zehn nach eins	13.10 Uhr

10 Ratespiel: Früher oder später?

Spielt in der Klasse.

▲ Wie spät ist es?   ▲ Früher.
● Ein Uhr.   ■ Halb drei.
▲ Später.   ▲ Richtig.
→ AB 7-9 ◆ Vier Uhr.

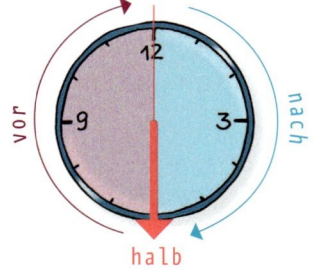

nach der Uhrzeit fragen
▲ Wie spät ist es?
● Ein Uhr.
▲ **Wann** fahren wir?
● **Um** acht (Uhr).

11 Am 4. Mai: Unser Ausflug (Teil 2)

- ■ Wandern wir wirklich so lang?
- ● Eine Stunde und 15 Minuten. Das ist doch nicht so schlimm.
  Wir gehen auch nicht alle zusammen. Wir machen ein Spiel.
- ▲ Was für ein Spiel?
- ● Das möchte ich jetzt nicht sagen.
  Nur so viel: Ihr dürft in Gruppen gehen.
- ↕ Super! Wir dürfen allein gehen.
- ● Na ja, jede Gruppe darf allein gehen. Aber immer drei bis vier
  gehen zusammen. Klar?
- ◆ Ich möchte ganz allein gehen. Darf ich allein gehen?
- ● Nein, tut mir leid, Leo. Das geht nicht. Du darfst nicht allein gehen.
- ◆ Schade.
- ▲ Dürfen wir später auch Fußball spielen?
- ● Ja klar.
- ■ Die Jungen dürfen Fußball spielen. Und wir?
- ● Ihr dürft mitspielen.
- ■ Na gut.
- ● Wichtig! Handy mitnehmen!
- ▪▲ Wow! Super! Wirklich?

Modalverb *dürfen*	
ich	darf
du	darfst
er/sie	darf
wir	dürfen
ihr	dürft
sie	dürfen

dürfen + Infinitiv
Wir **dürfen** Fußball **spielen**.
Ich **darf** allein **gehen**.

2/53 **a** **Hör zu und lies mit.**

b **Schau die Bilder an. Lies im Text nach. Was ist richtig, was ist falsch?**
Lies die passenden Textstellen laut.

→ AB 10-12

12 Leos E-Mail an einen Freund

Betreff: Schulausflug

He Valentin,
morgen haben wir Schulausflug. Das ist ja ganz nett. Aber immer alle zusammen!
Wir machen ein Spiel. Aber was für ein Spiel? Vielleicht so etwas wie
Geocaching? Gut, wir **???** in Gruppen gehen. „Ihr **???** nicht allein gehen",
sagt Frau Wolf. Ich möchte aber ganz allein gehen. Und das **???** ich nicht.
Das ist doof. Ich gehe aber doch allein. Ich bin doch kein Baby. Wir Jungen
??? dann Fußball spielen. Und die Mädchen **???** auch mitspielen. Toll!
Und was **???** ich spielen? Ich spiele nicht gern Fußball. Mist!
Gruß Leo

Schreib Leos Text richtig. Ergänze die Formen von *dürfen* ???.

→ AB 10-12

11

1 Am 5. Mai: Es geht los

2/54 **a** Hör zu und schau die Karte an. Was macht die Klasse beim Ausflug?

a ein Quiz   b ein Rockkonzert   c ein Spiel

2/54 **b** Lies die Wörter auf der Karte. Hör noch einmal zu und zeig mit.

c Was nehmen die Schüler nicht mit?

Rucksack oder Tasche   Heft   Fotos

Flasche Saft oder Tee   Handy

> **Natur und Umgebung**
> Wald, Baum, Fluss, See,
> Bus, Garten
> Dorf, Auto, Schiff, Haus,
> Pferd, Tier
> Stadt, Straße, Insel, Blume
> Tiere, Blumen
>
> **TIPP**
> Lern immer nur fünf bis
> sieben Wörter auf einmal.
> Wiederhole regelmäßig.

2/55 **d** Hör zu, zeig auf die Wörter in der Karte und sprich nach.

→ AB 1-2

2 DalliDalli-Spiel

 blau    grün   rot   gelb   schwarz
weiß   braun   grau   lila   bunt

2/56 **a** Hör zu, zeig mit und sprich nach.

b So geht das Spiel: Schau im Magazin auf Seite 71 nach.

> **Farben**
>  blau   gelb   rot ...

→ AB 3

3 Oh, Otto!

1. ■ Da ist ein Wald.
  ▲ Wald? Wo ist denn da ein Wald?
  ■ Na hier! Hier ist der Wald!
  ▲ Ach so!
  ■ Oh, Otto!

2. ■ Da sind Tiere.
  ▲ Tiere? Was für Tiere?
  ■ Na, die Tiere da.
  ▲ Ach ja, klar!
  ■ Oh, Otto!

unbestimmter/bestimmter Artikel im Nominativ		
Das ist	ein / der Wald.
	ein / das Auto.
	eine / die Straße.
Das sind	- / die Tiere.

2/57 **a** Hört zu. Macht weitere Dialoge mit:

ein Haus → das Haus
eine Straße → die Straße

2/58 **b** Hört die Dialoge zur Kontrolle.

c Macht weitere Dialoge.

→ AB 4-6

4 Kimspiel: Wo ist ...?

der   das   die   die/viele   Haus   Wald

a Schreibt vier Karten mit *der, das, die, die/viele* in den Artikelfarben.
Schreibt dann die Wörter aus Übung 1 auf Karten.

b So geht das Spiel. Schau im Magazin auf Seite 69 nach.

→ AB 4-6

5 Passt auf!

● Seid bitte ruhig und hört zu.
  Ihr geht jetzt los. Nehmt alles mit!
  Wichtig! Geht nicht allein! Geht in Gruppen!
  Jede Gruppe bekommt eine Karte.

■ He, Leo, das ist meine Karte. Gib her!

◆ Da, nimm!

● Leo, was ist denn? Sei bitte ruhig und hör zu.

◆ Jaaaa. *Ich gehe sowieso allein.*

● Leo, sieh mich an. Geh nicht allein! Hörst du?

◆ Ja, ja.

● Seht mal! Da ist eine Straße. Passt bitte auf!

■ Alles klar. Kommt!

● Moment, wartet mal! Hat jede Gruppe ein Handy?
  Gut! Dann los! Und macht Fotos!

2/59 **a** Hör zu und lies mit.

b Was sagt die Lehrerin zu allen? Was sagt sie zu Leo?

c Geht Leo allein? Was glaubst du?

→ AB 7-8

6 Die Gruppen gehen los

2/60 **a** Hör zu und schau das Bild an.

Das ist

- [a] die ganze Klasse.
- [b] die Gruppe von Leo.
- [c] die Gruppe von Otto.

b Beantworte die Fragen:

1. Wo ist Leo?
2. Warum ist Leo weg?

2/60 **c** Hör noch einmal zu und ergänze die Aussagen.

1. ??? mal bitte ruhig!
2. ??? mir die Karte.
3. Hier bitte! ??? !

→ AB 7-8

4. Also ??? , es geht los.
5. ??? mal.
6. He Leo, ??? !

Imperativ im Singular

~~du~~ gehst	→ Geh!
~~du~~ hörst	→ Hör(e)!
~~du~~ kommst	→ Komm!
~~du~~ wartest	→ Warte!
~~du~~ siehst	→ Sieh!
~~du~~ nimmst	→ Nimm!
~~du~~ gibst	→ Gib!
! ~~du~~ bist	→ Sei!

Imperativ im Plural

~~ihr~~ geht	→ Geht!
~~ihr~~ hört	→ Hört!
~~ihr~~ kommt	→ Kommt!
~~ihr~~ wartet	→ Wartet!
~~ihr~~ seht	→ Seht!
~~ihr~~ nehmt	→ Nehmt!
~~ihr~~ gebt	→ Gebt!
~~ihr~~ seid	→ Seid!

7 Wohin?

◆ Aha? Und jetzt?
Wohin gehen wir jetzt?
● Nach links.
▼ Nein, nach rechts.
▲ Oder geradeaus?
◆ Wartet mal. Da ist der Wald.
● Also geradeaus.
◆ Richtig.

einen Weg beschreiben

Wohin gehen wir?
→ nach rechts
← nach links
↑ geradeaus

2/61 **a** Hör zu und lies mit.

2/62 **b** Hört die Anweisungen und zeigt mit.

c Macht weitere Dialoge zu diesen Bildern.

→ AB 9

Und
du bist
Dabei!

Ⓐ   Ⓑ   Ⓒ

8 Leo und Otto

2/63 **a** Hör zu. Wer kommt?

2/63 **b** Hör noch einmal zu und lies die Sätze. Was ist richtig? Was ist falsch?

1. Leo kommt allein.
2. Ottos Handy ist im Bus.
3. Leo weiß den Weg nicht.
4. Ottos Gruppe ist zu schnell.
5. Otto weiß den Weg auch nicht.
6. Leo und Otto gehen zusammen.

c Was verspricht Otto? Sprich in deiner Sprache.

→ AB 9

12

1 Grillfest

2/64   Hör zu und schau die Bilder an.
Macht ihr auch so etwas?
Sprich in deiner Sprache.

2 SMS-Kette: Wo seid ihr?

Wo bist du? Ist etwas passiert? **S**	Ja, wir sind zusammen. **Ü**	Ja, wir sind bald da. **E**	Wer ist wir? Ist Leo auch da? **H**
Nein. Nichts passiert. Keine Angst. Wir kommen gleich. **C**	Gut. Wir fangen schon mal mit dem Essen an. Bis bald. **R**	Da bin ich aber froh. Kommt schnell! **L**	

a   Wer schreibt die SMS-Nachrichten?

Selina und ???

b   Ordne die SMS-Nachrichten. Was ist das Lösungswort?

→ AB 1

3 Was gibt es?

Kartoffelsalat   Würstchen   Kartoffeln   Käse   Brötchen   Pizza

Fisch   Brot   Bratwürste   Äpfel ⟵——— Obst ———⟶ Bananen

2/64   **a**   Hör die Geschichte aus 1 noch einmal und lies die Wörter mit.
Was gibt es nicht?

2/64   **b**   Hör die Geschichte aus 1 noch einmal. Lies die Sätze. Was ist richtig?

   1. Welche Gruppe ist die erste?
     a Gruppe eins   b Gruppe Mario   c Gruppe Maria

   2. Jeder bekommt
     a ein Würstchen.   b eine Bratwurst.   c zwei Bratwürste.

   3. Nachher gibt es
     a Obst und Bananen.   b Obst und Äpfel.   c Bananen und Äpfel.

Essen
Salat, Käse, Fisch, Apfel
Brot, Brötchen,
Würstchen
Pizza, Wurst, Kartoffel,
Banane
Brötchen, Würstchen,
Würste, Kartoffeln,
Bananen, Äpfel

2/65   **c**   Hör die Wörter, lies mit und sprich nach.

d   Frag deine Partnerin/deinen Partner.

Was isst du gern …?

→ AB 2-3

4 Laute und Buchstaben: lange Vokale

2/66 **a** Hör zu und sprich nach.

2/67 **b** Hör zu. Was ist falsch? 1, 2, 3, 4 oder 5?

2/68 **c** Lies laut. Dann hör die Sätze zur Kontrolle.

→ AB 4 Das ist Salat. ▪ Vater malt eine Banane. ▪ Tee oder Kaffee? ▪
Hier sind Obst und Brot. ▪ Cousine Lisa spielt Klavier. ▪ Musik ist gut.

So sprichst du lange Vokale:
aaaa

5 Minidialoge

A G F S U L U

2/69 **a** Hör zu und schau die Bilder an.

b Ordne die Texte 1–7 den Bildern zu. Was ist das Lösungswort?

> Die erste Wurst ist fertig. Wer möchte die Wurst? ①

> Mist, mein Tee ist im Bus. ②

> Mein Apfel ist weg. Hast du den Apfel? ③

> He, das ist mein Brötchen! ④

> Gib mir bitte den Kartoffelsalat. ⑤

> Hier sind zwei Kartoffeln. Möchtest du die Kartoffeln? ⑥

> Hm, der Käse ist gut. Ich finde den Käse so gut! ⑦

c Wie passen die Texte 1–7 und a–g zusammen?

> Hier, nimm die Flasche. Das ist Tee. a

> Ja gern. b

> Entschuldigung! Hier hast du das Brötchen. c

> Hier bitte! d

> Ach, das ist dein Apfel. Entschuldige bitte. e

> Ich! f

> Also, ich mag Käse nicht. g

d Spielt die Miniszenen.

e Erfindet neue Szenen mit anderen Speisen/Wörtern.

Hast du …?	den Apfel/den Fisch
Gib mir …	das Brötchen/das Brot
Ich möchte …	die Banane/die Wurst
→ AB 5-7 Nimm …	die Kartoffeln/die Äpfel

sich entschuldigen
Entschuldige bitte.
Entschuldigung!

bestimmter Artikel im Akkusativ

Ich möchte	den Fisch.
	das Brot.
	die Wurst.
	die Äpfel.

6 Kettenspiel

Macht den Satz immer länger.

→ AB 5-7 ▲ Ich möchte den Apfel. ● Ich möchte den Apfel und die Banane. ■ …

7 Quartett

a Macht Quartett-Karten. Immer vier Karten gehören zusammen.
Macht auch Karten mit:

Würstchen/Brötchen/Brot/Obst
Kartoffel/Pizza/Wurst/Banane
Kartoffeln/Würste/Äpfel/Bananen

b So geht das Spiel. Schau im Magazin auf Seite 70 nach.

→ AB 5-7

8 Leo und Otto kommen

Sagt mal, woher ??? ??? ??? jetzt? Ihr kommt aber spät!

Na und? Hier ist so viel Natur.

Die Natur ist so schön hier. Es gibt den Wald, Blumen und Tiere, ???, ??? und ???.

Wie bitte?

A

Hä?

Das braucht Zeit!

B

Und sonst ist nichts ??? ?

Na ja, Leo …

Pssst.

C

Leo macht so gern Fotos. Und das dauert.

Ach so.

Danke.

D

2/70 Lies den Comic und hör zu. Ergänze die Sätze.

→ AB 8-10

1 Comino verstehen

Comino: ollaH sennaH!
Hannes: ollaH onimoC.
Paula: Hannes, wer ist das denn?
Hannes: Comino. Er kommt aus Cartoonia.
Paula: Aha. Spricht er Deutsch?
Hannes: Nein, nur Cartoonisch.
Paula: Du sprichst auch Cartoonisch. Bravo!
Hannes: Na ja, es geht.
Comino: sennaH, rew tsi sad?

Hannes: enieM nidnuerF aluaP.
Comino: eiS tsi tten.
Paula: Was sagt er?
Hannes: Du bist ???.
Paula: Danke, ich finde, er ist auch nett.
Comino: saW tgas eis?
Hannes: uD tsib hcua ???.
Comino: gaM eis kisuM? garF lam.
Paula: Was sagt er?
Hannes: ??? ??? ????
Paula: Ja, aber nur Hiphop. Das weißt du doch. Sag mal, was essen die Leute in Cartoonia eigentlich? Frag doch mal.
Hannes: eniE egarF. saW tsse rhi ni ainootraC?
Comino: riW nesse nreg hcsiF tim enanaB.
Paula: Was sagt er?
Hannes: Sie essen ??? ??? ???.
Paula: Igitt! Aber er ist trotzdem nett.

a Lies den Text. Verstehst du noch Cartoonisch?

b Was sagt Hannes? Ergänze.

2 Lesen: Anzeigen

Weihnachtsmarkt
Salzburg/Österreich
20.11. – 26.12.
täglich:
10.00 – 20.30 Uhr
Ⓐ

Kinder/ Jugendtheater
München
80801 München
Franz-Joseph-Str. 47
Dienstag – Freitag
18.30 Uhr

Ⓑ

SCHÜLERDISCO O.K.
Nur für Schülergruppen
Berlin, Warschauerstr. 47
Dienstags und
Donnerstags
20.00 – 24.00 Uhr

Ⓒ

OSTERN AM WÖRTHERSEE
Österreich
Spaß für die ganze Familie
21. März – 12. April

Ⓓ

a Schau die Anzeigen an. Worum geht es?

b Lies die Texte. Welche Wörter findest du?

Weihnachten ▪ Ostern ▪ Zirkus ▪ Disco ▪ Theater ▪ Zoo

c Lies die Angaben und antworte.

1. Amelie möchte am Freitag in die Disco gehen. Geht das?
2. Jan wohnt in München. Er möchte um halb sieben ins Theater gehen. Geht das?
3. Pia möchte am 27. Dezember auf den Weihnachtsmarkt in Salzburg gehen. Geht das?
4. Familie Meyer möchte Ostern am Wörthersee feiern. Geht das?

3 Würfelspiel: W-Fragen

> Wo ist der Weihnachtsmarkt?

> Wo ist der Wörthersee?

> Wann ist der .../ das ... /die ...?

a Schreibt Frage-Karten zu den Texten in 2.

b So geht das Spiel: Schau im Magazin auf Seite 71 nach.

4 Projekt: So ist es bei uns

2/71 **a** Hör zu, lies mit und sprich nach.

> Ich wohne in Berlin. Das ist eine Stadt.

> Bei uns gibt es den Fluss Spree, den Wannsee, den Grunewald und den Tiergarten.

Wannsee

Tiergarten

Grunewald

Spree

b Und jetzt du. Ergänze nur, was es bei euch wirklich gibt.

Ich wohne in ??? .

Das ist ⟵ ⎡ ein Dorf.
⎣ eine Stadt.

Bei uns gibt es ⟵ ⎡ den Fluss „??? ".
⎢ den ??? -See.
⎢ den ??? -Wald.
⎣ den ??? -Garten.

c Zeichnet oder klebt eine Karte eures Wohnorts auf ein Plakat. Was gibt es bei euch? Klebt Bilder ein und schreibt die Wörter auf Deutsch dazu.

5 Wettbewerb: sich vorstellen

a Fünf Schüler gehen aus der Klasse. Der erste kommt herein und spricht über sich. Die Klasse zählt die Sätze. Der zweite Schüler kommt herein, die Klasse zählt die Sätze. Wer kann die meisten Sätze sagen?

> Ich heiße Max.
> Ich bin ...
> Ich wohne in ...
> Bei uns gibt es ...

b Schreib Sätze über dich auf ein Blatt. Du kannst auch Bilder dazu kleben. Leg das Blatt in dein Portfolio.

▶ 6 Schau den Film *Nur ein Spiel* zu Modul 4 an

Film
Modul 4

und lös die Aufgaben auf Seite 80.

Kommunikation

das Datum erfragen und nennen	Was für ein Tag ist heute? – Der siebte Juli.
einen bestimmten Tag erfragen und nennen	Wann hast du Geburtstag? – Am siebten Mai.
nach der Uhrzeit fragen	Wann fahren wir? – Um Viertel vor acht. Wie spät ist es? – Ein Uhr.
einen Weg beschreiben	Wohin gehen wir? – Nach rechts./Nach links./Geradeaus.
sich entschuldigen	Entschuldige bitte. ▪ Entschuldigung!

Grammatik

1 Verb

Verbformen

	sehen	*geben*	*nehmen*	*essen*		*sehen*	*geben*	*nehmen*	*essen*
ich	sehe	gebe	nehme	esse	wir	sehen	geben	nehmen	essen
du	siehst	gibst	nimmst	isst	ihr	seht	gebt	nehmt	esst
er/es/sie	sieht	gibt	nimmt	isst	sie	sehen	geben	nehmen	essen

Modalverb dürfen

ich	darf	wir	dürfen
du	darfst	ihr	dürft
er/es/sie	darf	sie	dürfen

dürfen + *Infinitiv*

Ihr	**dürft**	nicht allein	**gehen**.
Wann	**dürfen**	wir allein	**gehen**?
	Darf	ich allein	**gehen**?

Imperativ

Singular	d̶u̶ gehs̶t̶ → Geh!	d̶u̶ gibs̶t̶ → Gib!	d̶u̶ bist → **Sei**!
Plural	i̶h̶r̶ geht → Geht!	i̶h̶r̶ gebt → Gebt!	i̶h̶r̶ seid → Seid!

2 Bestimmter Artikel im Nominativ und Akkusativ

	maskulin	*neutral*	*feminin*		*Plural*
Nominativ					
Wo ist … ?	der Rucksack	das Handy	die Banane	Wo sind … ?	die Blumen
Akkusativ					
Hast du … ?	**den** Rucksack	das Handy	die Banane	Hast du … ?	die Blumen

Das Magazin

Hier findest du die Spiele aus dem Kursbuch und die Aufgaben zu den Filmen.

Wir zeigen dir, wie man in Deutschland, Österreich und der Schweiz Feste feiert.

Zahlen-Memo ‹L1/13

So geht das Spiel:

1. Karten mit Zahlen und Wörtern schreiben
2. Alle Karten verdeckt auf den Tisch legen
3. Zwei Karten aufdecken, vorlesen

4. Gleiche Karten nehmen

Nicht gleiche Karten wieder umdrehen

> Wer hat am Schluss die meisten
> Kartenpaare? – Gewonnen!

Variante: Memo-Spiel mit Zahlen

‹L4/6   Zahlen (20–1000)
‹L10/5 Datum
‹L10/8 Uhrzeit

Variante: Memo-Spiel mit Wort- und Bildkarten

‹L3/1   Getränke
‹L7/3   Schulfächer
‹L9/2   Schulsachen
‹L10/1 Besondere Tage
‹L11/1 Natur und Umgebung
‹L12/3 Essen

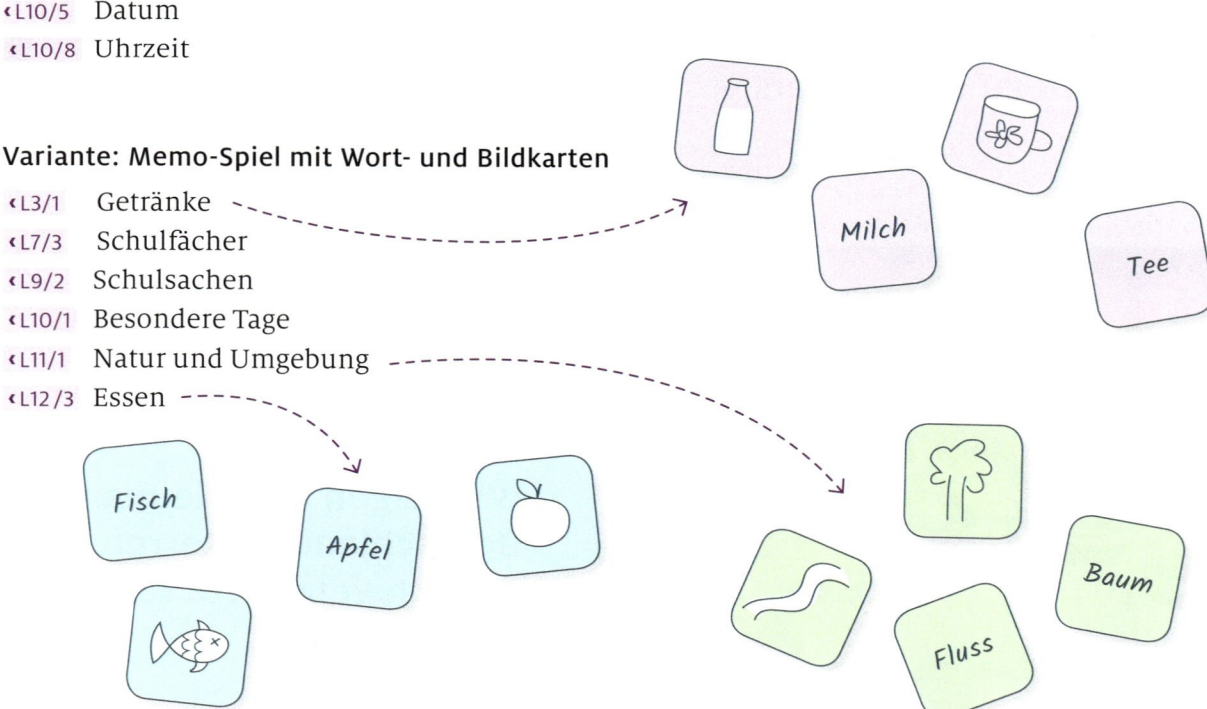

Schwarzer Peter ‹L3/5

So geht das Spiel:

Trinkst du gern Limo? – Ja, ich trinke gern Limo.
Bist du Heiko? – Ja, ich bin Heiko.
Heißt du Heike? – Ja, ich heiße Heike.
Findest du Tee gut? – Ja, ich finde Tee gut.

Was trinkst du gern? – Ich trinke gern Saft.
Wer bist du? – Ich bin Linus.
Wie heißt du? – Ich heiße Lisa.
Wie findest du Cola? – Ich finde Cola nicht gut.

1. Zehn Kartenpaare (Frage-Antwort-Paar)
   wie oben schreiben und Karte
   „Schwarzer Peter" malen

2. In Gruppen zu vier oder fünf Spielern
   spielen. Alle Karten mischen und an die
   Spieler verteilen

3. Immer vom Partner rechts eine
   Karte ziehen

4. Hast du ein Frage-Antwort-Paar? Vorlesen und
   das Frage-Antwort-Paar ablegen

> Wer hat am Schluss den
> Schwarzen Peter? – Leider verloren!

Variante: Schwarzer Peter mit Wort- und Bildkarten

‹L1/10 ‹L4/6 Zahlen
‹L7/3 Schulfächer
‹L9/2 Schulsachen
‹L10/1 Besondere Tage

Musik

‹L10/8 Uhrzeit
‹L11/1 Natur und Umgebung
‹L12/3 Essen

Variante: Schwarzer Peter mit Wortpaaren

‹L4/2 Familien-Paare

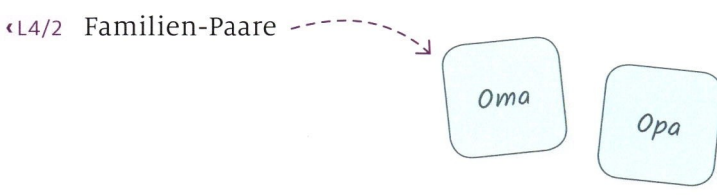

Oma   Opa

Partner-Suchspiel ‹L7/8

So geht das Spiel:

1. Immer zwei gleiche Zettel schreiben

2. Zettel mischen und verteilen

3. Durch die Klasse gehen und den Partner
   mit dem gleichen Zettel suchen

Montag, 2. Stunde
Musik

Montag, 2. Stunde
Musik

Freitag, 3. Stunde
Deutsch

Freitag, 3. Stunde
Deutsch

Ich habe am Freitag in der ersten Stunde Mathe. Was hast du?

Ich habe am ... Musik. Und du?

Ich habe auch ...

Super.

Ich habe Englisch.

Schade.

4. Nach dem Spiel kontrollieren

Lena hat am Montag in der zweiten Stunde Englisch.

Richtig.

Variante: Partner-Suchspiel mit anderen Kartenpaaren

‹L9/2 Schulsachen

Bleistift

Bleistift

Was ist das?

Ein Bleistift. Und was ist das?

Auch ein Bleistift.

‹L10/5 Datum

der 1. Juni

der erste Juni

Heute ist der 1. Juni

Richtig. Heute ist der 1. Juni.

‹L10/8 Uhrzeit

Viertel vor zwei

Viertel vor zwei.

Richtig. Viertel vor zwei.

Kimspiel „Was ist das?" ‹L9/5

So geht das Spiel:

 • Kuli    • Blatt    • Tafel    • Filzstifte

1. Die Wörter aus Lektion 9/5 in Artikelfarben auf Karten schreiben

2. Die Karten so auf den Tisch legen: Alle Wörter genau lesen

3. Nach einer Minute alle Karten umdrehen

4. Zwei Gruppen spielen gegeneinander. Gruppe 1 fragt, Gruppe 2 antwortet.

Richtig? Karte nehmen   Falsch? Karte zurücklegen

Variante: Kimspiel „Wo ist …?"

‹L11/4 Gruppe 1 fragt: Gruppe 2 antwortet:

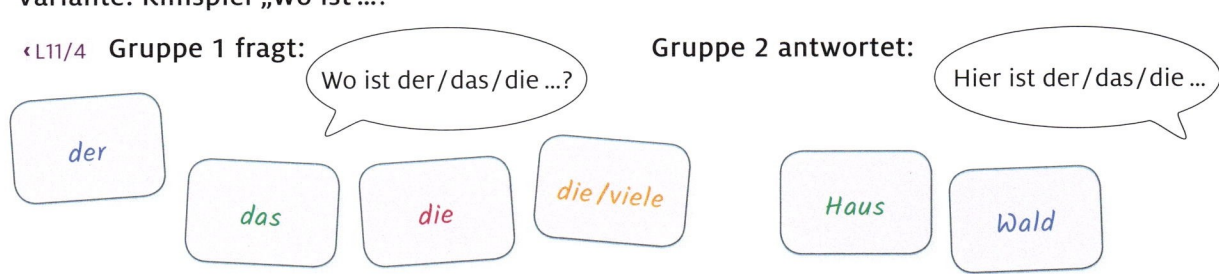

Quartett ‹12/7

So geht das Spiel:

1. **Quartett-Karten machen. Immer vier Karten gehören zusammen.**
   Auch Karten machen mit:

   Würstchen/Brötchen/Brot/Obst
   Kartoffel/Pizza/Wurst/Banane
   Kartoffeln/Würste/Äpfel/Bananen

2. **In Gruppen mit vier Spielern spielen. Karten mischen und verteilen**

3. **Hast du ein Quartett? Dann leg das Quartett auf den Tisch.**
   Hast du kein Quartett? Dann musst du fragen.

4. **Richtig? Noch einmal fragen**   **Falsch? Der andere fragt.**

Wer kann als Erster alle Karten ablegen?

Dalli-Dalli-Spiel ‹L11/2

So geht das Spiel:

🔵 blau   🟢 grün   🟠 rot   🟡 gelb   ⬛ schwarz
⬜ weiß   🟤 braun   ⬜ grau   🟣 lila   🔲 bunt

**Immer zwei Spieler spielen zusammen. Die anderen zählen die Punkte.
Eine Minute Zeit. Dann sind die nächsten zwei Spieler dran.**

Richtig? 1 Punkt.   **Falsch? 0 Punkte.**

Wer hat am Schluss die meisten Punkte?

Variante: Dalli-Dalli-Spiel mit anderen Wörtern

‹L9/2   Schulsachen
‹L12/3   Essen
‹L3/1   Getränke

Würfelspiel ‹S.63/3

So geht das Spiel:

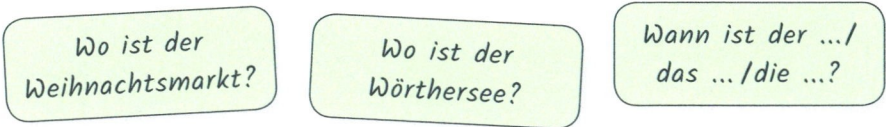

Wo ist der Weihnachtsmarkt?   Wo ist der Wörthersee?   Wann ist der .../ das .../die ...?

1. Frage-Karten zu den Texten von **2** auf Seite 62 schreiben und auf einen Stapel legen

2. Würfeln und Spielfigur auf dem Spielplan auf S. 72 bewegen. Buntes Feld?
   Dann Frage-Karte ziehen, vorlesen und wie im Text antworten

3. Richtig? Zwei Felder weiter gehen. Falsch? Der nächste Spieler ist dran.

Wer ist als Erster im Ziel?

Spielplan

Start　　Ziel ☺

72

Weihnachten

a Der Weihnachtsmarkt

Salzburg

Da kann man Dekoration für den Christbaum kaufen.

Man kann auch Weihnachtsgeschenke kaufen.

Basel

Nürnberg

Und da gibt es auch viele süße Sachen.

In vielen Städten in Deutschland, in Österreich und in der Schweiz gibt es
in den Wochen vor Weihnachten einen Weihnachtsmarkt.
Sehr bekannt sind der Weihnachtsmarkt in Basel (Schweiz), der Christkindlesmarkt
in Nürnberg (Deutschland) und der Christkindlmarkt in Salzburg (Österreich).

b Der Adventskalender

Im Dezember haben fast alle einen Adventskalender.
Der Kalender hat 24 Türen. Vom 1. Dezember an darfst du jeden Tag
eine Tür aufmachen. Wenn alle Türen auf sind, ist Weihnachten da.

c Einen Adventskalender selbst machen:

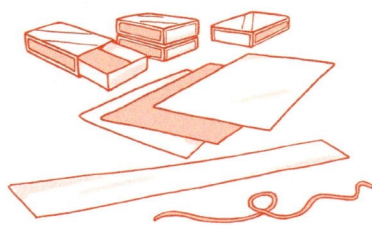

Material:

24 kleine leere Schachteln
buntes Papier
ein langer Papier- oder Stoffstreifen
ein Band

1

Die Schachteln mit buntem
Papier bekleben

2

Die Schachteln bemalen
oder bekleben

3

Auf die Schachteln Zahlen
von 1–24 schreiben

4

Die Schachteln auf den
Papier- oder Stoffstreifen kleben

5

Das Band oben an den
Streifen ankleben

fertig!

Etwas in jede Schachtel legen. Ein Stück Schokolade
oder einen Keks oder ein kleines Bild oder ...
Jetzt kannst du den Adventskalender deiner Schwester,
deinem Bruder, deiner Oma, deinem Opa oder
einem Freund/einer Freundin schenken.

d Weihnachten zu Hause

In Deutschland, in Österreich und in der Schweiz feiert man Weihnachten meist mit der Familie. In fast allen Familien beginnt das Fest am 24. Dezember am Abend. Am Nachmittag schmücken alle zusammen den Weihnachtsbaum mit bunten Kugeln, mit anderen bunten Sachen und mit Kerzen.

Am Abend legen die Eltern die Geschenke unter den Baum und machen die Kerzen an. Wenn alle Kerzen am Baum brennen, kommt die ganze Familie zusammen. Sie singen Weihnachtslieder und sagen „Frohe Weihnachten". Dann dürfen alle ihre Geschenke auspacken.

2/72   ***Lied: Stille Nacht***
Stille Nacht, heilige Nacht,
alles schläft, einsam wacht
nur das traute hochheilige Paar.
Holder Knabe im lockigen Haar,
schlaf in himmlischer Ruh´,
schlaf in himmlischer Ruh´.

Wie feiert man Weihnachten bei euch?

Ostern

a **Palmbäume oder Osterpalmen**

Der Sonntag vor Ostern ist der Palmsonntag.
In Süddeutschland und in Österreich machen die Leute
für diesen Tag Palmbäume oder Osterpalmen.

Ein hoher Stab aus grünen Zweigen
ist mit bunten Bändern und Eiern
dekoriert. Am Palmsonntag werden
die Palmbäume in die Kirche gebracht.
Dann stellt man sie vor das Haus oder
mitten in die Stadt.

b **Der Osterhase**

In Deutschland, Österreich und der Schweiz
bringt der Osterhase die Eier.

Wie ist es bei euch?
Wer bringt die Ostereier?

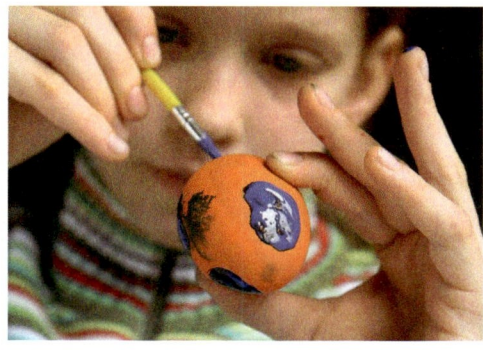

An Ostern gibt es viele bunte Eier.

Es macht Spaß, die Eier anzumalen.

Es gibt auch Osterhasen aus
Schokolade und andere süße Sachen.

Diese Sachen werden im Garten
oder im Haus versteckt. Dann geht
die Eiersuche los.

Wie feiert man Ostern bei euch?

d   Eierpecken

Am Ostersonntag sieht der Tisch besonders schön und bunt aus.
Viele Familien spielen beim Frühstück ein Spiel: das Eierpecken.
Das macht Spaß! Das geht so:

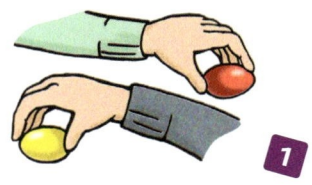

Ist dein Ei noch ganz?
Dann hast du gewonnen und
bekommst auch das andere Ei.

1

Du nimmst ein Osterei fest in
die Hand und dein Nachbar auch.

Ist dein Ei kaputt? Dann
bekommt dein Nachbar dein Ei.

2

Nun schlagt ihr die Eier mit
den Spitzen aufeinander.

Film zu Modul 1: *Hallo! Guten Tag! Grüß Gott!* (begrüßen und verabschieden)

‹ Zum Schluss, Modul 1/4

1 Schau die Personen A–G an. Schau dann den Film ohne Ton an und bring die Personen in die richtige Reihenfolge.

Lilian   Anne

Patrick

Martin

Oliver

Tina

Lukas

1 C, …

2 a Schau den Film noch einmal mit Ton an. Woher kommen die Personen? Mach Notizen.

Patrick:	Deutschland, Berlin	Oliver:	???
		Tina:	???
Anne:	???	Lukas:	???
Lilian:	???	Martin:	???

Berlin

München

Wien

Bern

b Schau den Film noch einmal mit Ton an. Wer sagt was? Schreib die Buchstaben.

- A Guten Morgen
- B Auf Wiederschaun
- C Guten Abend
- D Auf Wiedersehen
- E Servus
- F Uf wiederluege mitenand
- G Hallo (3x)
- H Tschüss (2x)

	Begrüßung	Abschied
Patrick	G	H
Anne	???	???
Lilian	???	???
Oliver	???	???
Tina	???	???
Lukas	???	???
Martin	???	???

Film zu Modul 3: *Das ist kein König.* (etwas verneinen)

‹ Zum Schluss, Modul 3/4

1 a Lies die Wörter. Was ist ein typisches Souvenir? Kennst du noch andere Souvenirs? Sammelt in der Klasse.

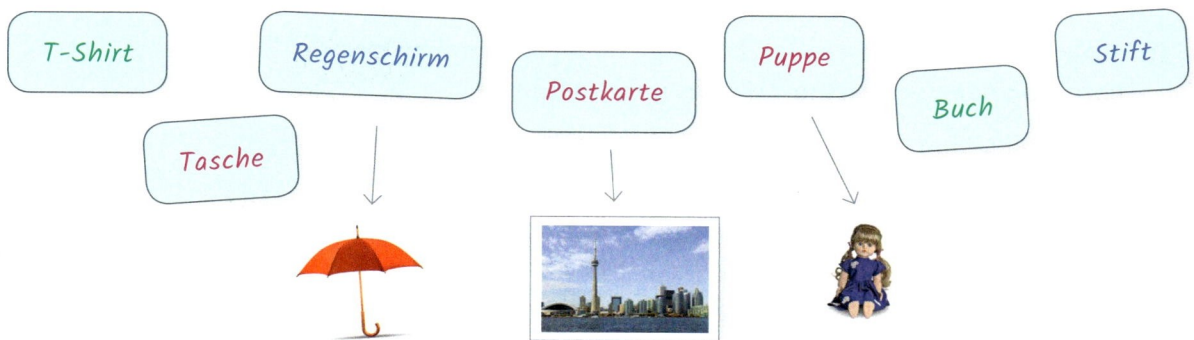

T-Shirt

Regenschirm

Tasche

Postkarte

Puppe

Buch

Stift

b Schau den Film ohne Ton an. Welche Souvenirs aus a kommen im Film vor?

c Schau den Film noch einmal mit Ton an und überprüfe deine Ergebnisse aus b.

2 a Schau die Bilder A–C an. Recherchiere im Internet und ergänze die Bildunterschriften zu den Bildern B und C.

Ludwig II,
König von ???

Schloss ???

b Lies die Sätze 1–4 und schau den Film noch einmal mit Ton an. Was ist richtig?

1. Der Tourist findet Schwarz / Weiß sehr schön.
2. Der Souvenir-Shop hat eine Tasche / zwei Taschen .
3. Es gibt König Ludwig auch als Puppe / Foto .
4. Der Tourist bekommt den Regenschirm / die Postkarte .

Film zu Modul 4: *Nur ein Spiel* (einen Weg beschreiben)

‹ Zum Schluss, Modul 4/6

1 a Schau den Film ohne Ton an. Überlege dir zusammen mit deiner Partnerin / deinem Partner: Worum geht es?

b Schaut den Film noch einmal mit Ton an und überprüft eure Ergebnisse aus **a**.

2 a Schau die Bilder an und lies die Sätze 1–6. Schau dann Teil 1 des Films noch einmal an. Was ist richtig? Was ist falsch? Schreib auf.

1. Bina und Elfie sprechen über Hausaufgaben.   r   f   *1 f*
2. Olli sagt: „Ich mache alles ganz allein."   r   f
3. KaDe schaut nach rechts, dann nach links.   r   f
4. KaDe darf stehen bleiben.   r   f
5. Elfie darf nicht zu langsam sein.   r   f
6. Elfie macht die Tür auf.   r   f

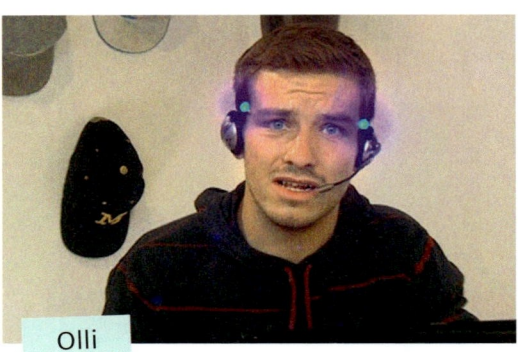

Olli

KaDe

Bina

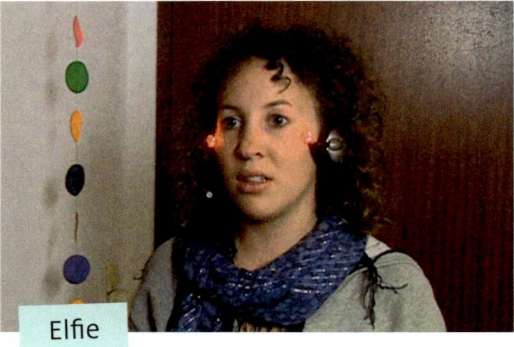

Elfie

b Korrigiere die Aussagen zusammen mit deiner Partnerin / deinem Partner. Die Ausdrücke helfen euch.

links   Spiel   nicht   rechts

1. Bina und Elfie sprechen über ein Spiel.

3 Lies die Sätze 1–5. Schau dann Teil 2 des Films noch einmal an.
Was ist richtig, a , b oder c ? Schreib auf.

1. KaDe läuft zuerst dreißig Meter geradeaus und dann …
- a über die Straße.   *1a*
- b nach links.
- c in den Park.

2. Elfie läuft zuerst fünfzehn Meter geradeaus und dann …
- a nach links.
- b geradeaus.
- c nach rechts.

3. KaDe muss zurück und dann …
- a über die Straße.
- b nach links.
- c nach rechts.

4. KaDe muss im Park …
- a geradeaus laufen.
- b zurücklaufen.
- c nach rechts laufen.

5. Elfie muss im Park …
- a 300 Meter geradeaus laufen.
- b gleich nach rechts.
- c schnell nach links laufen.

4 Spielt das Roboterspiel.

Schritt 1: Bastelt Richtungspfeile und
legt sie im Klassenzimmer aus.

Schritt 2: Partner A verbindet Partner B die Augen.

Schritt 3: Partner A gibt zum Beispiel an:
„Geh nach rechts".

Schritt 4: Partner B befolgt die Anweisungen von Partner A.
Er geht nach rechts.

Schritt 5: Dann wechseln.

Wortliste

- Die alphabetische Wortliste enthält alle Wörter von *Dabei!* A1.1 mit Nennung der Lektion und der Aufgabennummer.
  Beispiel: Apfel, ⸚, der 12 3 → Das Wort *Apfel* kommt erstmals in **Lektion 12**, Aufgabe 3 vor.

- Kursiv gedruckt sind Wörter, die nicht für die Prüfung der Niveaustufe A1 vorausgesetzt werden.

- Der für die Schüler relevante Lernwortschatz ist in chronologischer Reihenfolge im Anhang vom Arbeitsbuch zu finden.

- Nomen mit der Angabe (Sg.) verwendet man in der Regel nur im Singular.

- Nomen mit der Angabe (Pl.) verwendet man in der Regel nur im Plural.

- Folgende Abkürzungen werden verwendet: ZS = Zum Schluss, **Einstieg** = Moduleinstiegsseite

A

ABC (Sg.), das **Start** 4
aber 2 7
Abfahrt, -en, die 10 8
ach 3 3
acht 1 10
achtundzwanzig 4 6
achtzehn 1 10
achtzig 4 6
alle 8 1
allein ZS 2 3
alles 9 10
Albtraum, ⸚e, der 7 2
also 3 1
alt 3 3
Alter (Sg.), das 6 1
am (lokal) 3 1
am (temporal) 7 6
an 5 12
andere 8 1
anderswo 1 8
anfangen 12 2
Angst, ⸚e, die 7 1
Ankunft, ⸚e, die 10 8
ansehen 11 5
Antwort, -en, die 2 5
antworten 8 1
Apfel, ⸚, der 12 3

April, -e, der 10 3
arbeiten 6 2
Architekt, -en, der 6 2
Atomphysik (Sg.) ZS 3 1
auch 2 4
auf (lokal) 1 1
Auf Wiederluege ZS 1 1
Auf Wiedersehen! 3 7
Aufgabe, -n, die 8 1
aufpassen 11 5
August, -e, der 10 3
aus 6 6
Ausflug, ⸚e, der **Einstieg** 4
ausreichend ZS 3 1
aussehen ZS 2 3
Auto, -s, das 11 1

B

Baby 10 12
bald 4 1
Banane, -n, die 12 3
Band (Musik) , -s, die 1 1
Basketball, der 3 6
Baum, ⸚e, der 11 1
befriedigend ZS 3 1
beginnen 8 1
begrüßen (sich) 1 7

Begrüßung, -en, die 1 8
bei 6 1
Beispiel, -e, das 6 1
bekommen 11 5
Beruf, -e, der 6 1
besonder- 10 1
bestimmt 7 9
Betreff, -e, der 9 10
Bibliothek, -en, die **Start** 1
Bild, -er, das 8 4
Bio(logie) (Sg.), die 7 3
bis 10 11
bis bald 12 2
bitte 3 1
Blatt, ⸚er, das 9 2
blau 11 2
Bleistift, -e, der 9 2
Block, ⸚e, der 9 2
blöd 2 3
Blume, -n, die 11 1
Bratwurst, ⸚e, die 12 3
brauchen 8 6
braun 11 2
bringen 9 6
Brot, -e, das 12 3
Brötchen, -, das 12 3
Bruder, ⸚, der 4 2
Buch, ⸚er, das 9 2
Buchstabe, -n, der 1 5

Wortliste

buchstabieren *Start* 5
bunt 11 2
Bus, -se, der 11 1

C

Chemie (Sg.), die 7 3
Cola, -s, die 3 1
Computer, -, der 6 3
Computerspiel, -e, das ZS 3 1
Computertechniker, -, der 6 3
Cousin, -s, der 4 2
Cousine, -n, die 4 2

D

da (nun) 8 1
da sein 8 1
Dalli-dalli-Spiel, -e, das 11 2
Dänemark Start 6
danke 3 1
dann 5 6
das (Artikel) 4 2
das (ist) 2 4
dauern 12 8
dein/e 5 7
denn (Modalpartikel) 3 1
der 1 1
Deutsch (Sg.), das *Start* 1
Deutschland (Sg.), das *Start* 6
Dezember, -, der 10 3
die 1 1
Dienstag, -e, der 7 5
dienstags SZ 4 2
Disco, -s, die *Start* 1
doch (Modalpartikel) 2 5
Donnerstag, -e, der 7 5
donnerstags SZ 4 2
doof 2 3
Dorf, ⸚er, das 11 1
drei 1 10
dreihundert 4 6
dreißig 4 6
dreißigste 10 4
dreiunddreißig 4 6
dreiundzwanzig 4 6
dreizehn 1 10

drin 9 6
dritte 7 5
du 1 3
dürfen 10 11

E

eben ZS 3 1
egal 2 7
eigentlich 3 3
ein/e 9 4
einfach super 2 7
Eingang, ⸚e, der 1 3
einmal 6 3
eins 1 10
einunddreißig 4 6
einunddreißigste 10 4
einundvierzig 4 6
einundzwanzig 4 6
elf 1 10
E-Mail, -s, die 9 10
England (Sg.), das 7 9
Englisch (Sg.), das 5 6
entschuldigen (sich) 12 5
Entschuldigung, -en, die 9 7
er 5 1
erst ZS 3 1
erste 7 5
es 9 5
essen 9 9
Essen, -, das 12 2
Ethik (Fach) (Sg.), die 7 3
etwas 3 3
euer/eure 8 6

F

Fach (Schulfach), ⸚er, das 7 3
fahren 7 9
falsch 2 7
Familie, -n, die *Einstieg* 2
Familien-Quiz, das Einstieg 2
Fan, -s, der ZS 2 3
fangen 1 6
Farbstift, -e, der 9 2
Februar, -e, der 10 3
feiern 4 1

Ferien (Pl.) 7 9
Fernsehen (Sg.), das 5 10
Fernsehstudio, -s, das 6 6
fertig sein 5 6
Fest, -e, das 10 4
Film, -e, der 8 2
Filzstift, -e, der 9 2
finden (etwas gut/...) 2 3
Fisch, -e, der 12 3
Flasche, -n, die 11 1
Fluss, ⸚e, der 11 1
flüstern 8 1
fortgehen 3 6
Forum, Foren, das 2 7
Foto, -s, das 11 5
Frage, -en, die 2 5
fragen 5 2
Fragespiel, -e, das 1 6
Frankreich Start 6
Französisch (Sg.), das 7 3
Frau (Anrede), -en, die 1 7
frei 7 5
Freitag, -e, der 7 5
Freund, -e, der 8 1
Freundin, -nen, die 5 4
froh 12 2
früher 10 10
Füller, -, der 9 2
fünf 1 10
fünfte 7 5
fünfundzwanzig 4 6
fünfzehn 1 10
fünfzig 4 6
für 4 2
Fußball, ⸚e, der 3 3

G

ganz 11 6
gar nicht 7 7
Garten, ⸚, der 6 2
geben 11 5
Geburtstag, -e, der 10 1
Geburtstagskalender, -, der 10 7
gegen 8 6
gehen 3 7
gehen (es geht) 2 3

Wortliste

gelb 11 2
genau ZS 3 1
Genie, -s, das 8 6
Geocaching (Sg.), das 10 12
Geografie (Sg.), die 7 3
Geometrie (Sg.), die 8 4
gerade (jetzt) 8 1
geradeaus 11 7
gern 3 1
Geschichte, -n, die Einstieg 1
Geschichte (Fach) (Sg.), die 7 3
Geschwister (Pl.) 4 2
Gitarre, -n, die Start 1
glauben 2 2
gleich (bald) 5 6
Glück (Sg.), das 2 2
Gramm, -, das Start 1
grau 11 2
Grillfest, -e, das 12 1
Großeltern (Pl.) 4 2
Großmutter, ̈-, die 4 2
Großvater, ̈-, der 4 2
Gruezi ZS 1 1
grün 11 2
Grundschule, -n, die ZS 3 1
Gruppe, -n, die 10 11
Gruß, ̈-, der 10 12
Grüß Gott ZS 1 1
gut 2 3
Gute Nacht! 5 11
Guten Abend! 1 7
Guten Morgen! 1 7
Guten Tag! 1 7
Gymnasium, Gymnasien, das
    ZS 3 1

H

haben 7 6
halb (temporal) 10 8
Halbjahr (Sg.), das 10 2
Hallo! 1 3
Handy, -s, das 10 11
Haus, ̈-er, das 11 1
Hausaufgabe, -n, die 5 6
He! 1 3
Heft, -e, das 9 2

heißen 1 3
helfen 8 6
hergeben 11 5
Herr (Anrede), -en, der 1 7
Herzlich willkommen! 8 1
heute 1 12
hey 2 7
hier 8 1
Hilfe 8 6
hingehen 2 7
Hit, -s, der 2 2
Hobby , -s, das 6 1
hoffentlich 8 6
Homepage, -s, die 1 1
hören 3 3
hundert 4 6

I

ich 1 3
Idee, -n, die 5 12
Igitt! ZS 4 1
ihr 8 3
im (in dem) (lokal) 1 12
im (in dem) (temporal) 10
immer 8 5
in (lokal: wo?) 6 6
in (lokal: wohin?) ZS 2 3
Informatik (Sg.), die 7 3
Information, -en, die Start 1
ins (in das) ZS 4 2
Insel, -n, die 11 1
Instrument, -e, das 1 1
international Start
Internet (Sg.) 2 7
Internet-Forum, -Foren, das 2 7
Italien (Sg.), das Start 6
Italienisch (Sg.), das 6 3

J

ja 2 5
Jahr, -e, das 3 3
Januar, -e, der 10 3
Jeans, -, die Start 1
jede/s/r 10 11
jetzt 3 3

Judo (Sg.), das 3 3
Jugendtheater, -, das ZS 4 2
Juli, -s, der 10 3
Junge, -n, der 8 1
Juni, -s, der 10 3

K

Kaffee, -s, der 3 1
Kalender, -, der 10 3
Karneval (Sg.), der 10 1
Karte (Ticket), -n, die 1 1
Kartoffel, -n, die 12 3
Kartoffelsalat, -e, der 12 3
Käse, -, der 12 3
kein/e 9 6
kennen 5 10
kennenlernen (sich) Einstieg 1
Kettenspiel, -e, das 12 6
Kilogramm (kg), -, das Start 1
Kilometer (km), -, der Start 1
Kimspiel, -e, das 9 5
Kind, -er, das 4 2
Kiosk, -e, der 3 1
klar 3 3
Klasse, -n, die 8 1
Klassenarbeit, -en, die 9 10
Klassenlehrer, -, der 8 1
Klavier, -e, das 3 3
kommen 1 1
kommen (aus) 6 6
komplett Start 4
können ZS 2 3
kontrollieren 8 1
Konzert, -e, das 1 1
Kuli, -s, der 9 2
Kunst(erziehung) (Sg.), die 7 3
Kunstunterricht (Sg.), der 9 8
Künstler, -, der 6 3
Kurs, -e, der 7 9

L

lachen 8 5
lang (temporal) 10 11
laufen 8 4
Laut, -e, der 1 5

leidtun 9 7
leise 8 1
lernen 5 6
lesen ZS1 3
Leute (Anrede) (Pl.) 2 7
lieben 3 6
Lieblingsfach, ˋer, das 7 5
Liechtenstein (Sg.), das Start 6
Lied, -er, das 8 4
lila 11 2
Limonade (Limo), -n(-s), die 3 1
Lineal, -e, das 9 2
links 11 7
losgehen 11
Look, -s, der 31 4a
Lösung, -en, die 1 1
Lust (Sg.), die 9 9

M

machen 3 3
Mädchen, -, das 8 1
Mai, -e, der 10 3
mal 4 1
malen 6 3
Mama, -s, die 4 2
manchmal 3 1
mangelhaft ZS 3 1
Mäppchen, -, das 9 2
März, -e, der 10 3
Mathearbeit, -en, die 8 6
Mathematik (Sg.), die 7 3
Mathematikstunde, -n, die 8 1
mehr 7 9
mein/e 5 4
meinen ZS 2 3
melden (sich) 8 1
Memo, -s, das 1 13
Meter (m), -, der Start 1
Milch (Sg.), die 3 1
Mineralwasser, ˋ, das 3 1
Minidialog, -e, der 12 5
Minute, -n, die 10 11
Mist! (Sg.), der 10 12
mit 7 9
miteinander ZS 3 3

mitkommen 9 9
mitmachen 4 2
mitnehmen 10 11
mitspielen 9 9
Mittwoch, -e, der 7 5
mögen 2 4
möcht- 1 1
Moment 11 5
Montag, -e, der 7 5
morgen 10 12
müde 9 9
Musik (Sg.), die 1 2
Musik-Quiz 1 1
Mutter, ˋ, die 4 2

N

na ja 2 3
na so was 1 3
nach (lokal) 7 9
nach (temporal) 3
nachdenken 5 5
nach Hause 3 7
nachher 8 1
nächste 8 6
Name, -n, der 2 2
Natur (Sg.), die 12 8
nehmen 11 5
nein Start 6
nervös 5 4
nett 8 5
neu 8
neun 1 10
neunundzwanzig 4 6
neunzehn 1 10
neunzehnte 10 4
neunzig 4 6
nicht 2 3
nicht so gut 2 3
nichts 12 2
nie 3 6
noch 3 3
Note (Schule), -n, die ZS 3 1
November, -, die 10 3
Nummer, -n, die 5 3
nur 7 9

O

Obst (Sg.), das 12 3
oder 2 2
oft ZS 3 1
okay 2 7
Oktober, -, der 10 3
Olympia-Halle (Sg.), die 1 1
Oma, -s, die 4 2
Onkel, -, der 4 2
Opa, -s, der 4 2
Ort, -e, der 3 6
Ostern (Sg.), das 10 1
Österreich (Sg.), das Start 6

P

Paket, -e, das Start 1
Papa, -s, der 4 2
Partner-Suchspiel, -e, das 7 8
Party, -s, die 9 10
passen 5 7
passieren 10
Pause, -n, die 2 3
Person, -en, die Start 7
Pferd, -e, das 11 1
Physik (Sg.), die 7 2
Pizza, -s, die Start 1
Platz, ˋe, der 1 12
Polen (Sg.), das Start 6
Politik (Sg.), die 7 3
Pop (Sg.), der 2 4
Post (Sg.), die Start 1
Preis (Gewinn), -e, der 1 1
Problem, -e, das 7 9
Projekt, -e, das ZS 1 2
Psst! 12 9

Q

Quartett (Spiel), -e, das 12 7
Quatsch (Sg.), der 8 1
Quiz, -, das 1 1

Wortliste

R

Radiergummi, -s, der 9 2
Rap, -s, der 2 4
Ratespiel, -e, das 10 10
Realschule 8 6
rechnen 4 8
rechts 11 7
Reihe, -n, die 1 12
Religion (Fach) (Sg.), die 7 3
reparieren 6 3
Rhythmus, Rhythmen, der 9 3
richtig 8 3
Rock (Musik) (Sg.), der 2 4
Rock'n Roll (Sg.), der 6 3
Rockkonzert, -e, das 1
rot 11 2
Rucksack, ⁻e, der 9 2
ruhig 11 5

S

Saft, ⁻e, der 3 1
sagen 2 2
Salat, -e, der 12 3
Salü ZS 1 1
Samstag, -e, der 7 5
schade 7 9
Schere, -n, die 9 2
schicken 1 1
Schiff, -e, das 11 1
schlafen 9 9
schlecht ZS 3 1
schließlich 8 6
schlimm 7 5
Schluss, ⁻e, der ZS 1
schnell 11 8
schon ZS 2 3
schön 3 3
schon wieder 9 7
schreiben 6 2
Schulausflug, ⁻e, der 10 12
Schule, -n, die **Einstieg** 3
Schüler, -, der 6 3
Schülerdisco, -s, die 10 1
Schülerforum (Sg), das 7 9
Schülergruppe, -n, die ZS 4 2

Schülerin, -nen, die 6 1
Schuljahr,-e, das 10
Schulnote, -n, die ZS 3 1
Schulsachen (Pl.) 9
schwarz 11 2
Schwarzer Peter 3 5
Schweiz (Sg.), die Start 6
schwer 5 4
Schwester, -n, die 4 2
sechs 1 10
sechste 7 5
sechsundzwanzig 4 6
sechzehn 1 10
sechzig 4 6
See, -n, der 11 1
sehen 11 5
sehr 3 3
sehen 11 5
sein (Verb) 1 3
seit ZS 2 3
Sendung 4 2
September, -, der 10 3
Servus ZS 1 1
sicher (Adverb) 5 4
sie (Sg/Pl.) 5 1
sieben 1 10
siebenundzwanzig 4 6
siebte ZS 3 1
siebzehn 1 10
siebzig 4 6
Silvester (Sg.), das 10 1
Skateboard, -s, das **Start** 1
SMS, -, die 1 12
SMS-Kette, -n, die 12 2
so 2 3
so etwas 10 12
sofort 5 6
solche 7 9
Sonntag, -e, der 7 5
sonst 12 8
sowieso 11 5
Sozialkunde (Fach) (Sg.), die 7 3
Spaß, ⁻e, der ZS 3 1
spät ZS 2 3
später 10 10
Spiel, -e, das 3 5
spielen 3 3

Sport (Sg.), der **Start** 2
Sportfest, -e, das 10 1
Sportplatz, ⁻e, der 8 6
Sportsachen (Pl.), 9 2
Sportstudio, -s, das Start 1
Sprache, -n, die ZS 3 1
Sprachkurs, -e, der 7 9
sprechen **Start** 6
Stadt, ⁻e, die 11 1
Straße, -n, die 11 1
Strophe, -n, die 2 2
studieren ZS 3 1
Stunde, -n, die 7 5
Stundenplan, ⁻e, der 7 5
suchen 4 2
Süddeutschland ZS 1 1
super 2 3
Supermarkt, ⁻e, der **Start** 1
Szene, -n, die 1 4

T

Tafel, -n, die 9 2
Tag, -e, der 1 7
Tagebuch, ⁻er, das 5 4
täglich ZS 4 2
Tante, -n, die 4 2
Tasche, -n, die 9 2
tausend 4 6
Techniker 6 3
Techno (Sg.), der 2 4
Tee, -s, der 3 1
Teil, -e, das 6 1
Telefon, -e, das **Start** 1
Telefonnummer, -n, die ZS 1 3
telefonieren 6 1
Tennis, das 3 6
Theater, -, das 3 3
Tier, -e, das 11 1
toll 2 3
trinken 3 1
trotzdem 2 7
tschau ZS 1 1
Tschechien Start 6
tschüss! 3 7
turnen 8 4
Turnschuh, -e, der 9 2

Wortliste

U

Uhr, -en, die ZS 2 3
um (temporal) ZS 2 3
und Einstieg 1
Ungarn Start 6
ungenügend ZS 3 1
Universität, -en, die ZS 3 1
uns ZS 4 4
Unterricht (Sg.), der 7
unterrichten 8 1

V

Vater, ⸗, der 4 2
verstehen ZS 2 1
verabschieden (sich) ZS 1 1
viel 3 3
vielleicht 8 6
vier 1 10
vierte 7 5
Viertel nach/vor 10 8
vierunddreißig 4 6
vierundzwanzig 4 6
vierzehn 1 10
vierzig 4 6
Vokal, -e, der 12 4
Volleyball (Sg.), der 8 4
von 3 3
vor (Angst vor) 7 1
vor (temporal) 1
Vorgruppe, -n, die 2 7
Vorname, -n, der 6 1
vorstellen 8 1

W

Wald, ⸗er, der 11 1
wandern 10 11
wann ZS 2 3
warten 11 5
warum 7 5
was 2 5
Wasser (Sg.), das 3 1
Weg, -e, der 11 8
weg 11 6
Weihnachten (Sg.), das 10 1
Weihnachtsmarkt, ⸗e, der ZS 4 2
weiß 11 2
welche/s/r 12 3
wenn ZS 2 3
wer 1 3
werfen 1 6
Wettbewerb, -e, der ZS 4 5
wichtig 6 1
wie viel/e 7 7
wie? 1 3
wieder 9 6
wir 8 3
wirklich 2 4
wissen 3 3
wo 6 6
woher Start 7
wohin 11 7
wohnen 6 6
Wohnort, -e, der ZS 4 4
Wort, ⸗er, das Start 2
wunderbar 3 6
Wunschstundenplan, ⸗e, der 7 7
Würfelspiel, -e, das ZS 4 3
Wurst, ⸗e, die 12 3
Würstchen, -, das 12 3

Z

Zahl, -en, die 1 10
Zahlen-Memo, -s, das 1 12
zehn 1 10
zeichnen 8 4
Zeit, -en, die 8 6
ziemlich 2 7
Zirkus, -se, der Start 1
Zoo, -s, der Start 1
zu (alt/...) 5 11
zu Hause 9 6
zuhören 11 5
zusammen 5 4
zwanzig 1 10
zwanzigste 10 4
zwei 1 10
zweihundert 4 6
zweimal 3 1
zweite 7 5
zweiunddreißig 4 6
zweiundvierzig 4 6
zweiundzwanzig 4 6
zwölf 1 10

Quellenverzeichnis